EERSTE EDITIE - Gepubliceerd in 2022

Extra grafisch materiaal van: www.freepik.com
Dank aan: Alekksall, Starline, Pch.vector, Rawpixel.com,
Vectorpocket, Dgim-studio, Upklyak, Macrovector,
Stockgiu, Pikisuperstar & Freepik.com Designers

Ontdek gratis online spelletjes
Hier verkrijgbaar:

BestActivityBooks.com/FREEGAMES

5 TIPS OM TE BEGINNEN!

1) HOE OP TE LOSSEN

De Puzzels zijn in een Klassiek Formaat:

- Woorden worden verborgen zonder pauzes (geen spaties, streepjes, ...)
- Oriëntatie: Voorwaarts & Achterwaarts, Boven & Beneden of in Diagonaal (kan in beide richtingen)
- Woorden kunnen elkaar overlappen of kruisen

2) ACTIEF LEREN

Naast elk woord is een spatie voorzien om de vertaling te noteren. Om actief te leren vindt u een **WOORDENBOEK** aan het einde van deze editie om uw kennis te controleren en uit te breiden. U kunt elke vertaling opzoeken en opschrijven, de woorden in de puzzel vinden en ze vervolgens aan uw woordenschat toevoegen!

3) TAG JE WOORDEN

Hebt u al geprobeerd een labelsysteem te gebruiken? U zou bijvoorbeeld de woorden die moeilijk te vinden waren kunnen markeren met een kruis, de woorden die u leuk vond met een ster, nieuwe woorden met een driehoek, zeldzame woorden met een ruit enzovoort...

4) ORGANISEER UW LEREN

Wij bieden ook een handig **NOTITIEBOEKJE** aan het eind van deze uitgave. Of u nu op vakantie, op reis of thuis bent, u kunt uw nieuwe kennis gemakkelijk ordenen zonder dat u een tweede notitieboek nodig hebt!

5) AFGESLOTEN?

Ga naar de bonussectie: **FINAAL UITDAGING** om een gratis spel te vinden dat aan het einde van deze editie wordt aangeboden!

Wil je meer leuke en leerzame activiteiten? Het is **Snel en Eenvoudig!** Een hele collectie spelboeken slechts **één klik verwijderd!**

Vind uw volgende uitdaging bij:

BestActivityBooks.com/MijnVolgendeBoek

Klaar... Start!

Wist u dat er zo'n 7000 verschillende talen in de wereld zijn? Woorden zijn kostbaar.

We houden van talen en hebben hard gewerkt om de boeken van de hoogste kwaliteit voor u te maken. Onze ingrediënten?

Een selectie van onmisbare leerthema's, drie grote plakken plezier, dan voegen we er een lepel moeilijke woorden en een snuifje zeldzame woorden aan toe. We serveren ze met zorg en een maximum aan verrukking, zodat je de beste woordspelletjes kunt oplossen en veel plezier beleeft aan het leren!

Uw feedback is essentieel. U kunt een actieve bijdrage leveren aan het succes van dit boek door een recensie achter te laten. Vertel ons wat u het meest beviel in deze editie!

Hier is een korte link die u naar uw bestelpagina brengt:

BestBooksActivity.com/Recensies50

Bedankt voor uw hulp en veel plezier met het spel!

Linguas Classics

1 - Metingen

```
L  Ţ  G  C  Y  U  Q  O  L  Ă  K  L  D  I  Z  L
N  Ă  Ţ  S  J  C  P  H  C  N  I  U  R  T  E  M
Y  Y  Ţ  V  C  J  V  V  A  O  L  N  P  Z  C  U
K  O  C  I  A  I  U  R  Ţ  T  O  G  U  L  I  L
E  O  C  Z  M  L  A  C  O  D  G  I  W  Y  M  O
G  A  C  K  I  E  H  A  N  Î  R  M  V  K  A  V
K  I  L  O  M  E  T  R  U  N  A  E  Y  H  L  V
A  E  B  C  R  I  U  I  S  Ă  M  K  D  A  L  T
D  D  C  B  P  C  N  H  U  L  S  U  J  L  I  O
Â  O  P  Y  K  N  I  J  J  Ţ  A  A  T  B  W  B
N  R  O  T  M  U  M  Z  R  I  U  Y  M  Ă  T  O
C  B  Q  E  T  O  J  E  M  M  G  R  A  M  O  A
I  B  G  R  O  H  U  R  T  E  M  I  T  N  E  C
M  C  N  M  L  I  T  R  U  Ţ  N  T  S  R  A  J
E  T  A  T  U  E  R  G  M  T  A  Ţ  Z  F  Ţ  Q
N  Ţ  K  V  S  A  X  F  P  W  W  U  L  P  H  X
```

LĂŢIME
BYTE
CENTIMETRU
ZECIMAL
ADÂNCIME
GREUTATE
GRAM
ÎNĂLŢIME
INCH
KILOGRAM

KILOMETRU
LUNGIME
LITRU
MASĂ
METRU
MINUT
UNCIE
HALBĂ
TONĂ
VOLUM

2 - Opwarming van de Aarde

```
I  M  O  D  I  F  I  C  Ă  R  I  N  I  D  O  X
N  U  N  G  Z  E  V  Y  U  S  V  E  N  E  A  H
D  C  A  D  F  J  Ă  I  G  A  Z  A  T  Z  T  L
U  A  Z  R  E  Y  Ţ  N  I  Y  B  K  E  V  E  E
S  I  L  G  C  E  N  Q  O  T  L  V  R  O  N  G
T  I  G  Y  J  T  I  W  Q  W  O  Q  N  L  Ţ  I
R  Ţ  L  D  Ă  Z  I  R  C  S  P  R  A  T  I  S
I  A  Y  R  T  J  T  C  V  E  B  L  Ţ  A  E  L
E  R  R  W  H  N  Ș  D  S  Q  Y  G  I  R  Z  A
E  E  Ţ  N  I  C  E  S  N  O  C  U  O  E  A  Ţ
S  N  P  M  H  G  D  A  T  E  M  V  N  C  H  I
R  E  E  M  D  X  M  O  T  T  E  E  A  L  Z  E
N  G  A  R  A  M  O  H  C  E  D  R  L  I  A  N
Q  E  V  O  G  J  C  S  A  V  I  N  M  M  L  W
M  C  A  C  N  I  V  K  Z  K  U  C  N  A  K  C
I  R  U  T  A  R  E  P  M  E  T  A  U  T  D  F
```

ATENŢIE	CLIMAT
ARCTIC	MEDIU
CRIZĂ	ACUM
ENERGIE	DEZVOLTARE
GAZ	GUVERN
DATE	TEMPERATURI
GENERAŢII	VIITOR
CONSECINŢE	MODIFICĂRI
INDUSTRIE	OM DE ȘTIINŢĂ
INTERNAŢIONAL	LEGISLAŢIE

3 - Keuken

```
I  C  D  I  G  A  N  W  C  I  N  I  A  E  C  P
O  Y  F  Z  L  C  H  I  V  A  H  S  N  D  O  E
F  R  I  G  I  D  E  R  S  J  S  I  I  R  O  F
E  I  R  H  F  R  T  Q  Z  G  E  T  E  R  U  B
K  A  P  J  U  E  I  L  E  Ț  E  V  R  E  Ș  C
D  Q  C  Y  R  Ț  Ț  O  J  Y  Y  C  A  O  W  O
E  I  B  B  C  E  U  D  P  L  Y  K  O  V  N  N
Ş  O  R  Ț  I  T  C  P  O  Z  K  L  Ș  B  J  D
N  G  H  T  C  Ă  X  P  O  H  E  H  I  O  A  I
B  I  R  O  T  P  U  C  F  L  Q  O  Ț  R  N  M
J  J  C  Ă  F  A  A  Z  V  D  O  D  E  C  X  E
C  T  U  I  T  Q  X  A  U  P  M  N  B  A  X  N
Z  H  P  P  Z  A  R  K  Ț  L  H  I  I  N  Q  T
Ț  G  E  Y  C  V  R  O  I  C  L  U  E  C  L  E
A  L  I  M  E  N  T  E  L  I  N  G  U  R  I  J
C  O  N  G  E  L  A  T  O  R  L  L  L  O  A  E
```

CUPE	POLONIC
BEȚIȘOARE	BORCAN
GRĂTAR	REȚETĂ
CEAINIC	ȘORȚ
FRIGIDER	ȘERVEȚEL
CASTRON	CONDIMENTE
ULCIOR	BURETE
LINGURI	ALIMENTE
CUȚITE	FURCI
CUPTOR	CONGELATOR

4 - Boten

```
N D U G I F W T P A M R Ţ Z T Z
Y A O F E C A L L N A V X H W G
S V U C W A I G U C R N T U H G
N M O T K I M R T O I R U L A V
B A C Y I A J A Ă R T H A I M A
E L G A G C Ţ T N Ă I M G S A Q
R R E C H I P A J D M X I R R F
B Y F C T P I C I I U C M Â E V
Z C B I P E H D O R H R L U D P
H D V Q Z M A R I N A R Ă F B F
F R K X U X T S M Q T F S N Y H
O C E A N T V W F T M C C L Y D
B Q V G O J C R P M J X A R C V
C A N O E Y J H X D B G Y J F W
O U G Ţ V L P F R Â N G H I E U
O C L J V D Q O M O T O R O J R
```

ANCORĂ
ECHIPAJ
GEAMANDURĂ
DOCK
VALURI
IAHT
CAIAC
CANOE
MARITIM
CATARG

MARINAR
LAC
MOTOR
NAUTIC
OCEAN
RÂU
FRÂNGHIE
BAC
PLUTĂ
MARE

5 - Chocolade

```
D  W  I  C  A  Z  G  O  I  R  R  J  J  Q  X  U
E  W  N  A  N  Y  U  D  E  N  A  O  B  M  O  B
L  Q  G  L  T  X  S  P  C  X  G  T  F  V  J  H
I  K  R  O  I  T  T  J  A  M  O  V  C  Q  P  B
C  Z  E  R  O  W  I  Ț  C  X  U  T  K  Z  B  S
I  A  D  I  X  J  H  R  A  M  A  P  I  E  T  O
O  P  I  I  I  S  O  C  O  C  E  D  Ă  C  U  N
S  T  E  M  D  A  K  A  C  V  T  T  R  L  F  Y
P  U  N  W  A  R  U  R  A  K  A  B  E  U  O  V
M  O  T  D  N  O  L  A  R  B  T  F  Ț  D  I  F
W  Q  F  F  T  M  S  H  A  Ț  I  J  E  Z  O  B
B  Z  J  T  Y  Ă  W  I  M  Q  L  C  T  Y  A  E
Q  K  O  Ț  A  N  J  D  E  M  A  V  Ă  D  P  O
K  I  V  R  O  N  U  E  L  Z  C  C  O  W  P  X
G  Z  R  Y  Z  A  H  Ă  R  L  E  V  L  O  D  V
H  U  C  G  W  L  G  M  P  T  Z  L  R  U  R  B
```

ANTIOXIDANT	CALITATE
AMAR	ARAHIDE
CACAO	REȚETĂ
CALORII	AROMĂ
EXOTIC	GUST
FAVORIT	BOMBOANE
DELICIOS	ZAHĂR
INGREDIENT	POFTA
CARAMEL	DULCE
NUCĂ DE COCOS	

6 - Gezondheid en Welzijn #2

```
C  H  S  P  I  T  A  L  A  C  V  U  O  J  H  G
B  P  P  S  J  B  M  C  V  L  I  E  M  Y  R  R
X  P  N  Ţ  I  U  Y  J  P  D  E  G  N  Â  S  E
E  N  E  R  G  I  E  F  B  V  G  R  C  H  V  U
R  Y  V  S  T  R  E  S  V  G  B  I  G  D  B  T
E  I  I  R  O  L  A  C  I  I  R  C  X  I  V  A
C  I  S  T  G  F  Ă  N  I  M  A  T  I  V  E  T
U  G  Ă  M  C  H  Y  O  A  U  I  Q  T  A  B  E
P  I  N  H  A  H  Ă  C  I  T  E  N  E  G  O  Ţ
E  E  Ă  D  Ţ  S  W  G  P  R  O  C  Q  G  A  T
R  N  T  F  A  I  A  I  Ţ  E  W  M  P  D  L  D
A  Ă  O  S  N  L  N  J  S  N  M  Q  I  L  A  R
R  C  S  E  P  L  N  B  H  B  P  Ă  T  E  I  D
E  I  Ţ  I  R  T  U  N  R  Z  Y  H  A  F  B  Q
D  I  G  E  S  T  I  E  I  Ţ  C  E  F  N  I  B
Q  G  U  Ţ  S  L  S  D  E  O  W  O  Z  R  N  Q
```

ALERGIE	IGIENĂ
ANATOMIE	INFECŢIE
SÂNGE	CORP
CALORII	MASAJ
DIETĂ	DIGESTIE
ENERGIE	STRES
GENETICĂ	VITAMINĂ
GREUTATE	NUTRIŢIE
SĂNĂTOS	SPITAL
RECUPERARE	BOALA

7 - Tijd

```
N  K  I  E  R  I  D  D  V  L  Ţ  W  U  Y  C  N
V  Z  Z  Z  S  K  S  I  Ţ  L  W  R  Z  J  A  H
A  N  U  S  A  E  C  V  M  Ţ  L  P  U  H  L  D
S  F  K  R  N  U  T  E  N  I  L  D  N  P  E  B
S  E  C  O  L  A  U  N  A  B  N  O  J  B  N  B
B  V  O  R  Ă  U  P  S  Ţ  V  Z  E  D  A  D  A
G  I  R  S  Z  M  H  W  T  J  V  Ţ  A  E  A  C
D  R  K  G  Z  C  H  S  P  T  B  Ă  H  Ţ  R  U
V  E  P  C  U  R  J  V  F  L  U  N  Ă  B  Ă  M
E  T  V  W  S  C  H  J  U  Ţ  I  Â  Z  L  P  U
I  P  D  R  O  T  I  I  V  X  N  M  A  W  U  C
G  A  V  V  E  I  Q  W  X  P  E  Ă  I  D  D  L
G  O  U  V  R  M  O  O  G  S  C  T  M  M  A  U
A  N  U  P  Q  S  E  R  L  B  E  P  A  B  S  N
M  I  N  U  T  R  N  A  C  E  D  Ă  R  A  Z  F
D  F  A  D  U  I  M  S  A  Y  X  S  Q  J  W  L
```

ZI   MINUT
DECENIU   DUPĂ
SECOL   NOAPTE
IERI   ACUM
AN   DIMINEAŢĂ
ANUAL   VIITOR
CALENDAR   ORĂ
CEAS   AZI
LUNĂ   DEVREME
AMIAZĂ   SĂPTĂMÂNĂ

8 - Meditatie

```
C  T  Y  C  M  T  N  J  Q  D  N  P  F  Q  K  E
O  N  Z  L  S  I  R  T  J  V  A  O  E  Ţ  P  I
M  V  A  A  J  L  Ș  E  Ţ  I  T  S  R  Y  P  Ţ
P  D  C  R  X  E  L  C  A  G  U  T  I  X  S  A
A  B  C  I  M  L  L  K  A  Z  R  U  C  J  W  R
S  G  E  T  U  A  C  B  M  R  Ă  R  I  C  F  I
I  Â  P  A  Z  T  P  G  C  T  E  Ă  R  S  V  P
U  N  T  T  I  N  Ă  A  Y  W  Q  X  E  T  G  S
N  D  A  E  C  E  V  C  B  U  N  Ă  T  A  T  E
E  U  R  O  Ă  M  P  J  E  Ţ  X  X  Y  O  I  R
Y  R  E  C  Ţ  E  W  V  I  R  H  L  Q  D  Q  L
X  I  I  Ţ  O  M  E  X  Ţ  E  E  Q  L  E  X  R
Y  Z  O  P  R  E  C  U  N  O  Ș  T  I  N  Ţ  Ă
Z  W  Z  E  R  A  V  R  E  S  B  O  J  H  S  N
Ţ  F  M  M  A  Ă  V  I  T  C  E  P  S  R  E  P
B  W  A  B  V  N  Y  L  A  U  J  Y  P  A  C  E
```

ATENȚIE	COMPASIUNE
ACCEPTARE	MENTAL
RESPIRAȚIE	MUZICĂ
MIȘCARE	NATURĂ
RECUNOȘTINȚĂ	OBSERVARE
EMOȚII	PERSPECTIVĂ
GÂNDURI	TĂCERE
FERICIRE	PACE
CLARITATE	BUNĂTATE
POSTURĂ	TREAZ

9 - Muziek

```
X A R O C I R I L N A Y C M R B
Q L P P L A C I Z U M V I U I A
X B U M A Z I V O R P M I Z T L
R U A E S T J Ţ G P C O M I M A
A M N T I A O P E R Ă H Ţ C R D
J I U O C W F E X R K C Z I S Ă
O I W B I U J A J X Ă I L A X Q
M G N Ţ M T N E M U R T S N I A
G I J B T M E L O D I E N D N R
E W C B I R I Z J H X O E Â P M
V Y Y R R Z Q O O O X P W P C O
T X X E O T P I N B I U R N L N
D L S Z A F M X O G L I S L K I
H Q C Z N Q O Ţ Ţ L Q B P B D E
J I Z U J A T N Â C I D W T Y X
Î N R E G I S T R A R E X S S U
```

ALBUM	MUZICAL
BALADĂ	MUZICIAN
ARMONIE	OPERĂ
IMPROVIZA	ÎNREGISTRARE
INSTRUMENT	POETIC
CLASIC	RITM
COR	RITMIC
LIRIC	TEMPO
MELODIE	CÂNTĂREȚ
MICROFON	CÂNTA

10 - Vogels

```
P  B  C  L  C  K  W  Z  Ț  M  I  G  U  U  K  H
I  Q  O  K  I  X  P  F  M  O  P  G  X  S  J  B
N  A  C  I  L  E  P  D  G  N  J  Y  P  U  P  U
G  U  L  G  J  P  D  S  A  F  E  Y  D  Ț  C  F
U  F  Ă  B  Q  H  G  O  W  H  A  H  J  M  M  N
I  N  H  P  X  C  Ț  U  O  L  G  F  W  O  L  I
N  S  Y  V  E  Ț  C  J  N  L  P  D  X  Z  R  Ț
X  S  L  E  B  M  U  R  O  P  E  N  L  M  Y  Ă
S  H  P  C  A  I  Z  M  G  B  S  G  M  Y  J  R
Z  T  C  N  R  G  P  S  N  H  C  S  T  Â  R  C
C  E  R  L  Z  Â  I  Z  I  A  Ă  Q  L  Y  A  U
C  I  F  U  Ă  S  I  T  M  N  R  Z  U  V  X  C
N  B  O  D  Ț  C  F  U  A  Q  U  M  Z  P  S  T
T  A  C  A  A  Ă  B  C  L  D  Ș  W  S  A  T  T
H  R  G  U  R  P  U  I  F  T  O  U  C  A  N  P
Z  V  E  Ă  D  Ă  B  E  L  P  A  P  A  G  A  L
```

PORUMBEL	BARZĂ
RAȚĂ	PAPAGAL
OU	PĂUN
FLAMINGO	PELICAN
GÂSCĂ	PINGUIN
PUI	STÂRC
CUC	STRUȚ
CIOARĂ	TOUCAN
PESCĂRUȘ	BUFNIȚĂ
VRABIE	LEBĂDĂ

11 - Universum

```
H  Z  C  Ț  V  V  Ă  T  A  Y  C  E  T  Ă  P  W
I  M  O  N  O  R  T  S  A  S  I  C  X  R  Q  T
P  G  R  J  F  E  I  E  Ț  U  T  C  V  E  P  T
H  A  I  V  L  C  B  R  Y  A  C  E  L  F  Z  M
D  L  Z  E  M  B  R  H  M  V  Y  O  R  S  V  D
Y  A  O  I  B  Q  O  H  Q  T  T  S  S  O  V  D
I  X  N  W  Y  Z  E  C  U  A  T  O  R  M  I  P
Î  I  T  A  S  Ț  I  T  A  S  N  S  D  T  I  D
N  E  Ț  E  N  I  D  U  T  I  T  A  L  A  C  C
C  E  M  I  S  F  E  R  Ă  K  D  Ț  W  F  L  Ț
L  I  B  I  Z  I  V  Z  D  W  I  O  M  H  U  Z
I  Q  A  S  T  R  O  N  O  M  I  E  Z  T  J  H
N  L  O  N  G  I  T  U  D  I  N  E  G  E  R  K
A  Î  N  T  U  N  E  R  I  C  J  E  F  Q  C  R
R  L  U  N  A  S  O  L  S  T  I  Ț  I  U  N  H
E  I  D  K  Ț  T  E  L  E  S  C  O  P  E  E  J
```

ASTEROID	CER
ASTRONOMIE	ORIZONT
ASTRONOM	ÎNCLINARE
ATMOSFERĂ	COSMIC
ORBITĂ	LONGITUDINE
LATITUDINE	LUNA
ZODIAC	GALAXIE
ÎNTUNERIC	TELESCOP
ECUATOR	VIZIBIL
EMISFERĂ	SOLSTIȚIU

12 - Wiskunde

```
J  G  E  C  U  A  Ţ  I  E  G  Y  Z  G  P  F  A
G  E  T  R  I  U  N  G  H  I  E  Y  V  E  R  E
Z  O  L  X  M  A  R  G  O  L  E  L  A  R  A  P
E  M  E  D  V  S  F  J  K  R  L  U  P  P  C  G
C  E  L  X  I  E  T  H  X  Z  I  N  J  E  Ţ  K
N  T  A  Ă  P  N  F  B  J  S  R  J  Q  N  I  D
R  R  R  C  G  O  V  O  L  U  M  K  V  D  U  J
D  I  A  I  H  G  N  U  T  P  E  R  D  I  N  I
I  E  P  T  O  I  S  E  P  I  S  W  Q  C  E  K
A  J  G  E  N  L  K  F  N  Ă  M  U  S  U  I  Z
M  I  A  M  U  O  S  O  E  T  T  U  B  L  J  E
E  Y  Y  T  C  P  A  R  W  R  C  R  S  A  Y  C
T  Q  F  I  E  C  J  F  V  O  Ă  B  A  R  G  I
R  L  A  R  S  I  M  E  T  R  I  E  H  T  N  M
U  N  L  A  U  N  G  H  I  U  R  I  R  P  S  A
P  E  R  I  M  E  T  R  U  S  Q  Y  Q  M  L  L
```

SFERĂ	PARALEL
ZECIMAL	PARALELOGRAM
DIAMETRU	DREPTUNGHI
TRIUNGHI	ARITMETICĂ
EXPONENT	SUMĂ
FRACŢIUNE	SIMETRIE
GEOMETRIE	POLIGON
UNGHIURI	ECUAŢIE
PERPENDICULAR	PĂTRAT
PERIMETRU	VOLUM

13 - Gezondheid en Welzijn #1

```
A  Ț  K  M  K  L  N  E  I  Z  M  B  O  I  Q  U
C  A  O  F  Ț  S  Ț  C  Ț  Z  R  O  T  C  O  D
T  L  A  L  D  G  F  M  A  U  E  F  C  B  T  A
I  K  L  Ă  R  U  T  C  A  R  F  O  L  V  R  F
V  M  E  D  I  C  I  N  Ă  F  L  A  I  M  A  C
A  F  V  P  P  O  O  Y  M  Z  E  M  N  Y  T  P
C  J  L  I  Î  H  A  B  J  N  X  E  I  L  A  F
Z  X  C  E  R  N  W  L  I  V  S  Q  C  E  M  S
I  R  R  I  W  U  Ă  E  V  C  M  Y  A  I  E  C
I  V  U  C  N  D  S  L  H  E  E  B  Y  P  N  W
R  E  L  A  X  A  R  E  Ț  W  K  I  A  A  T  E
E  K  T  M  Ț  T  A  I  S  I  N  O  M  R  O  H
T  N  W  R  Z  B  I  P  C  K  M  X  N  E  D  P
C  Ț  P  A  P  O  S  T  U  R  Ă  E  H  T  X  Y
A  I  W  F  V  K  M  U  Ș  C  H  I  V  R  E  N
B  J  I  E  A  B  P  D  Z  O  N  J  K  V  Z  S
```

ACTIV
FARMACIE
BACTERII
TRATAMENT
FRACTURĂ
DOCTOR
OBICEI
FOAME
ÎNĂLȚIME
HORMONI

POSTURĂ
PIELE
CLINICA
MEDICINĂ
RELAXARE
REFLEX
MUȘCHI
TERAPIE
VIRUS
NERVI

14 - Camping

```
I  C  A  P  O  C  T  V  H  V  A  F  O  C  O  M
R  A  Q  P  C  F  E  N  A  W  N  Q  C  S  P  Y
L  N  E  I  H  G  N  Â  R  F  I  Z  I  M  K  F
G  O  Y  R  L  W  H  M  T  J  M  O  D  K  K  M
J  E  I  R  Ă  L  Ă  P  Ă  W  A  B  C  P  K  I
U  R  Q  K  P  A  Q  A  N  U  L  I  O  J  W  F
G  U  U  Ț  P  S  E  R  I  A  E  N  R  P  P  D
B  D  X  J  A  V  M  Z  B  Y  Q  U  T  M  T  S
X  Ă  N  D  O  R  F  Ț  A  M  M  Ț  E  A  C  L
X  P  L  A  H  A  M  A  C  I  N  S  E  C  T  Ă
L  A  C  O  T  N  O  B  W  M  U  N  T  E  L  Ț
Q  P  V  X  S  U  A  V  E  N  T  U  R  Ă  W  X
Ț  H  I  Z  K  U  R  E  X  H  Z  X  Y  L  B  U
A  E  H  J  S  W  B  Ă  J  S  R  P  N  D  B  M
F  E  L  I  N  A  R  V  Â  N  Ă  T  O  A  R  E
J  S  N  H  R  Q  W  U  I  I  N  Y  P  Y  A  O
```

AVENTURĂ
MUNTE
COPACI
PĂDURE
FOC
CABINĂ
ANIMALE
HAMAC
PĂLĂRIE
INSECTĂ

VÂNĂTOARE
HARTĂ
CANOE
BUSOLĂ
FELINAR
LUNA
LAC
NATURĂ
CORT
FRÂNGHIE

15 - Algebra

```
A  F  L  I  N  I  A  R  Y  M  L  C  S  G  T  P
Q  O  F  E  I  Ţ  U  L  O  S  T  A  C  R  R  R
N  R  O  I  X  E  R  U  Y  B  O  N  Ă  A  X  O
Z  M  M  Ţ  E  P  S  E  R  R  T  T  D  F  B  B
U  U  H  A  L  R  O  T  C  A  F  I  E  I  Y  L
H  L  L  U  M  L  S  N  F  U  H  T  R  C  S  E
Y  Ă  P  C  Ţ  L  S  I  E  T  T  A  E  M  M  M
L  P  X  E  N  X  H  F  M  N  G  T  F  N  A  Ă
I  N  F  I  N  I  T  R  S  P  T  E  B  Y  T  E
B  W  Ă  M  A  R  G  A  I  D  L  N  E  P  N  R  X
A  D  X  L  V  H  V  C  S  E  H  I  M  K  I  Q
I  G  K  F  N  N  P  Ţ  L  U  G  B  F  D  C  Ţ
R  Z  C  D  K  Q  I  I  A  A  M  L  O  I  E  S
A  E  S  W  O  Y  C  U  F  N  S  Ă  F  S  C  O
V  R  I  Q  J  U  X  N  W  L  Q  S  K  Z  W  A
B  O  Y  Ţ  R  Ă  Z  E  T  N  A  R  A  P  N  Z
```

SCĂDERE
DIAGRAMĂ
EXPONENT
FACTOR
FORMULĂ
FRACŢIUNE
GRAFIC
PARANTEZĂ
CANTITATE
LINIAR

MATRICE
ZERO
INFINIT
SOLUŢIE
PROBLEMĂ
SUMĂ
FALS
VARIABIL
SIMPLIFICA
ECUAŢIE

16 - Activiteiten

```
S  G  D  M  V  P  G  T  V  T  K  C  P  M  Î  T
T  K  R  W  T  Â  U  Q  Ţ  Q  G  A  L  Z  N  I
I  Z  E  D  I  U  N  Z  Y  O  I  M  Ă  S  D  M
Ţ  R  L  R  U  O  D  Ă  Z  T  D  P  C  J  E  P
Ţ  J  A  U  C  W  U  E  T  L  S  I  E  V  M  L
P  Ă  X  M  S  J  V  K  O  O  E  N  R  G  Â  I
P  R  A  E  E  O  S  Ă  L  J  A  G  E  R  N  B
P  U  R  Ţ  P  I  C  T  U  R  A  R  R  Ă  A  E
B  T  E  I  A  D  F  R  H  B  H  G  E  D  R  R
Z  C  D  I  F  L  B  A  H  X  O  C  I  I  E  U
C  E  R  A  M  I  C  Ă  R  W  D  X  G  N  Y  C
O  L  Y  V  M  Q  W  Y  K  G  G  H  A  Ă  A  U
A  C  T  I  V  I  T  A  T  E  O  V  M  R  D  S
M  E  Ş  T  E  Ş  U  G  U  R  I  T  F  I  A  U
Y  S  U  Z  N  L  Ţ  H  F  L  K  J  O  T  N  T
T  Y  Z  J  T  B  C  J  O  C  E  P  O  F  S  Z
```

ACTIVITATE	MAGIE
MEŞTEŞUGURI	CUSUT
DANS	RELAXARE
FOTOGRAFIE	PLĂCERE
PESCUIT	PUZZLE
VÂNĂTOARE	PICTURA
CAMPING	GRĂDINĂRIT
CERAMICĂ	ÎNDEMÂNARE
ARTĂ	TIMP LIBER
LECTURĂ	DRUMEŢII

17 - Vormen

```
P Y D N U T O R P Ă T R A T Ţ P
M A Ă R E F S B M J Ţ A H Ţ S R
Ţ I R U E M A R G I N I G P C I
F N S T V P C O L Ţ O V B W I S
X I Y D E A T B I J C R A F B M
X L Q Y N C O U E T N F Q E M Ă
O V A L B C Q C N Q V I P Q M L
Ţ Z Ţ X S Y X R O G J Ă X S I O
T M X Q L C E E G S H D D U Ţ B
U R D N I L I C I S F I X Ţ T R
H S I T Q R U F L S T M I D N E
C R N U H K D T O A K A T G K P
Q L Y J N R G A P T Ţ R R A M I
U H T F J G M Ţ D O K I D C T H
C U R B Ă T H O M B Ţ P E F V E
A X O V I Z I I R U B G C G I G
```

SFERĂ	CUB
ARC	LINIA
CILINDRU	OVAL
CERC	PIRAMIDĂ
CURBĂ	PRISMĂ
TRIUNGHI	MARGINI
COLŢ	DREPTUNGHI
HIPERBOLĂ	ROTUND
PARTE	POLIGON
CON	PĂTRAT

18 - Diplomatie

```
I  I  D  P  U  T  S  C  A  K  C  P  D  R  L  I
U  N  I  V  Ţ  R  O  O  M  R  O  V  C  E  V  A
M  T  S  V  C  A  L  N  B  D  M  A  B  Z  K  S
W  E  C  C  I  T  U  F  A  J  U  Q  S  O  G  E
G  G  U  L  T  A  Ţ  L  S  X  N  K  M  L  E  T
U  R  Ţ  P  A  T  I  I  A  F  I  K  Z  U  T  A
V  I  I  O  M  M  E  C  D  L  T  L  Ţ  I  T
E  T  E  L  O  W  B  T  O  N  A  W  Ţ  I  C  I
R  A  Y  I  L  W  R  A  R  Z  T  I  D  E  Ă  R
N  T  V  T  P  M  X  E  S  Z  E  N  F  B  M  U
H  E  D  I  I  Y  X  E  R  A  R  E  P  O  O  C
J  I  H  C  D  Y  R  W  I  L  D  Ţ  S  I  D  E
R  B  T  Ă  D  Z  F  C  F  I  W  Ă  F  H  D  S
C  O  N  S  I  L  I  E  R  M  N  T  T  Ţ  O  E
D  R  E  P  T  A  T  E  O  B  C  E  F  K  V  X
U  M  A  N  I  T  A  R  G  I  D  C  V  V  C  U
```

CONSILIER
AMBASADĂ
AMBASADOR
CETĂŢENI
CONFLICT
DIPLOMATIC
DISCUŢIE
ETICĂ
COMUNITATE
DREPTATE

UMANITAR
INTEGRITATE
SOLUŢIE
POLITICĂ
GUVERN
REZOLUŢIE
COOPERARE
LIMBI
SECURITATE
TRATAT

19 - Astronomie

```
T F A V R E C H I N O C Ț I U E
J E G H A A E T S R E V I N U E
H I L A B U C A S T R O N A U T
G Ț E E E U S H S A X Y C L Z K
C A R J S M F Z E Q H D O U O T
D I N F A C E Q N T O J N N B G
H D Ț E O G O V T N Ă C S A S R
Q A G W B Z P P N Â T O T Z E A
Y R P P V U I D H M E S E O R V
M E T E O R L I G Ă M M L S V I
S A T E L I T O Ț P O O A E A T
P L A N E T Ă R A V C S Ț N T A
Ț S E E J E D E M S C Y I N O Ț
F E M O N O R T S A Ă U E N R I
N X M S I R L S U Z C Y J A E E
N A R V Ț E U A V X V T Ț S H U
```

PĂMÂNT
ASTEROID
ASTRONAUT
ASTRONOM
ECHINOCȚIU
COMETĂ
COSMOS
LUNA
METEOR
NEBULOASĂ

OBSERVATOR
PLANETĂ
RACHETĂ
SATELIT
STEA
CONSTELAȚIE
RADIAȚIE
TELESCOP
UNIVERS
GRAVITAȚIE

20 - Emoties

```
P  M  H  R  S  E  K  F  Ă  Z  I  R  P  R  U  S
H  L  E  Ț  E  T  S  I  R  T  F  E  E  E  L  T
S  A  I  Z  N  L  L  M  J  P  G  C  W  Ț  E  W
E  C  J  C  T  M  A  J  X  G  A  U  O  T  E  A
N  F  T  A  T  I  C  X  E  X  Z  N  P  A  C  E
S  V  A  I  U  I  T  N  A  P  P  O  M  L  O  R
I  D  N  C  C  B  S  R  D  T  B  S  X  O  I  I
B  F  E  Ț  Ă  H  U  E  I  R  U  C  U  B  Q  C
I  F  J  T  F  V  N  A  C  N  Ă  E  B  J  I
L  U  Ț  F  S  L  Ț  S  Ă  L  R  T  V  P  B  R
I  R  L  K  I  X  Q  J  H  T  Ă  O  S  G  K  E
T  I  G  H  T  F  R  I  C  Ă  A  R  J  T  G  F
A  E  H  Q  A  H  C  D  K  P  Q  T  T  O  T  F
T  X  U  J  S  L  I  N  I  Ș  T  E  E  Q  M  L
E  D  R  A  G  O  S  T  E  P  D  T  Q  A  A  J
S  I  M  P  A  T  I  E  C  O  N  Ț  I  N  U  T
```

FRICĂ
JENAT
RECUNOSCĂTOR
TRISTEȚE
FERICIRE
CONȚINUT
CALM
DRAGOSTE
RELAXAT
EXCITAT

LINIȘTE
SIMPATIE
SENSIBILITATE
SATISFĂCUT
SURPRIZĂ
PLICTISEALĂ
PACE
BUCURIE
BUNĂTATE
FURIE

21 - Vakantie #2

```
R  M  P  P  O  C  Y  N  F  N  V  S  V  Z  T  P
E  E  R  A  M  O  Ă  Y  R  C  I  T  A  C  R  T
B  O  S  M  Q  J  O  L  G  L  Z  R  C  I  A  T
I  X  A  T  K  T  Ţ  E  Ă  Y  Ă  Ă  A  V  N  C
L  R  Y  Y  A  J  T  T  T  P  I  N  P  S  A
P  J  U  F  G  U  T  O  R  J  O  N  Ţ  N  P  M
M  U  O  E  Ţ  Q  R  H  A  L  C  R  Ă  T  O  P
I  I  K  R  L  Ţ  O  A  H  K  F  I  I  D  R  I
T  R  Q  M  H  D  P  J  N  K  Z  W  Y  E  T  N
W  Ă  X  Y  A  Y  O  M  V  T  A  A  E  O  Ţ  G
A  V  I  P  X  T  R  D  U  M  B  V  L  V  C  D
D  R  J  C  X  S  E  Y  M  A  W  Y  M  C  T  V
D  E  S  T  I  N  A  Ţ  I  E  D  Y  Ţ  D  O  O
K  Z  T  J  R  F  D  U  N  X  V  H  V  B  W  G
X  E  L  Q  P  O  I  N  S  U  L  Ă  J  A  L  P
T  R  E  N  F  Z  C  P  A  Ș  A  P  O  R  T  B
```

DESTINAȚIE	RESTAURANT
STRĂIN	PLAJĂ
INSULĂ	TAXI
HOTEL	CORT
HARTĂ	TREN
CAMPING	VACANȚĂ
AEROPORT	TRANSPORT
PAȘAPORT	VIZĂ
CĂLĂTORIE	TIMP LIBER
REZERVĂRI	MARE

22 - Weersomstandigheden

```
D Y R B J M B S P J S S V F J J
G H E A Ț Ă U H F D E M U S O K
X F G M C B Z S W S C E W S Ț U
G Ț L B B S B P O F E H F P P Z
C O U C Ț M P P C N T E N U T C
K E F K P N O U V A Ă K O I N U
N E R A L O Z N B G K V E Ț N R
C L I M A T L E W A W W H K V C
K A I B Q Ă D A N R O T Z E Y U
S C Ț D O C M N R U Z F O S R B
M I A T E M P E R A T U R A B E
A P D F U R T U N Ă M R W T C U
R O N U X Z K N O L M X F S R L
Y R U H E Y V Â N T T Y K Ț V L
B T N C E A Ț Ă S L Z I K Q J B
Y B I H C H A T M O S F E R Ă O
```

ATMOSFERĂ	INUNDAȚII
FULGER	POLAR
TUNET	CURCUBEU
SECETĂ	FURTUNĂ
CER	TEMPERATURA
GHEAȚĂ	TORNADĂ
CLIMAT	TROPICALE
CEAȚĂ	UMED
MUSON	VÂNT
URAGAN	NOR

23 - Eten #2

```
P P S L S S J I E R U A H G S N
I Â P T T K P A N A Ă N A N A B
E I K B R A Ţ U N G Z A Q J M X
R N K H G U K R W C N N V Q I Ș
S E E I P Â G T O C Â A T O X U
I I I D M R D U M Q R S O E O N
C K M N V G O W R K B P U I U C
Ă W L J Z W W V O I I N E Q W Ă
R O Ș I E V T K Â L C W W M X X
L H U H R S U J U N R G I I X V
Q L Q B O V P Q S T Ă E O G V Y
K S P P V A Q V Q D M T O D O X
O E T T D J M J C A G Ş Ă A M D
X G I D B V U W S P M E V L R R
B R O C C O L I R L E P D Ă C R
S P A R A N G H E L K O T Y U B
```

MIGDALĂ
ANANAS
MĂR
SPARANGHEL
VÂNĂTĂ
BANANĂ
BROCCOLI
PÂINE
STRUGURI
OU

ȘUNCĂ
BRÂNZĂ
PUI
KIWI
PIERSICĂ
OREZ
GRÂU
ROȘIE
PEȘTE
IAURT

24 - Geologie

```
T  F  J  R  H  C  C  D  R  K  V  U  L  C  A  N
O  S  T  R  A  T  A  O  U  U  D  I  C  A  Q  J
P  C  U  P  V  P  T  V  M  H  J  C  A  L  Ț  A
I  T  J  M  D  S  I  B  E  Z  W  L  T  G  V  E
T  Q  P  I  U  A  T  A  R  R  T  A  G  S  Ț  Z
F  O  S  I  L  R  C  C  T  Y  N  C  U  A  R  Ț
J  O  P  Z  Y  E  A  R  U  R  U  Ă  C  C  Y  Q
P  L  A  T  O  U  L  I  C  G  Ă  V  O  S  K  N
E  O  W  I  G  R  A  S  Z  Q  S  A  R  C  X  G
T  N  V  V  X  Z  T  T  V  S  X  L  A  V  E  O
W  Q  U  Z  H  N  S  A  K  P  U  H  L  F  C  W
G  H  E  I  Z  E  R  L  J  U  Q  W  I  I  X  N
D  Y  Q  L  Z  F  M  E  P  T  X  Y  Z  Z  I  A
A  V  L  O  U  O  A  E  Z  O  N  Ă  B  Q  F  C
E  L  G  X  V  R  R  C  O  N  T  I  N  E  N  T
B  R  Ț  T  V  A  I  E  I  C  B  V  F  W  Q  G
```

CUTREMUR	CUARȚ
CALCIU	STRAT
CONTINENT	LAVĂ
EROZIUNE	PLATOU
FOSIL	STALACTIT
GHEIZER	PIATRĂ
TOPIT	VULCAN
CAVERNĂ	ZONĂ
CORAL	SARE
CRISTALE	ACID

25 - Specerijen

```
C  I  D  C  U  R  R  Y  X  G  M  R  A  H  C  R
F  H  R  A  N  A  S  O  N  A  R  O  M  Ă  E  U
F  A  I  L  O  P  V  R  A  S  A  D  E  R  A  S
Ţ  D  B  M  J  Y  A  A  P  Ţ  M  U  J  A  P  W
K  O  M  O  I  I  G  P  N  S  A  L  Y  O  Ă  W
E  P  I  M  C  O  V  Z  R  I  F  C  X  Ş  S  E
Q  O  H  A  U  A  N  H  X  I  L  E  P  C  C  P
Ţ  F  G  D  Q  W  I  V  E  L  K  I  N  U  O  I
S  E  U  R  D  N  A  I  R  O  C  A  E  N  R  P
C  N  V  A  Ţ  Y  P  S  U  B  A  E  O  A  Ţ  E
H  I  F  C  Y  N  S  E  P  H  I  M  L  R  I  R
I  C  M  Ţ  Ţ  Z  E  L  F  V  R  R  B  F  Ș  H
N  U  O  U  S  T  U  R  O  I  W  Ţ  P  O  O  K
D  L  R  P  X  N  O  M  U  T  Q  Q  G  Ș  A  Z
U  F  N  C  Q  A  C  N  A  T  T  Ţ  X  D  R  B
F  Y  K  K  M  G  L  Q  R  R  Y  S  N  F  Ă  B
```

ANASON	NUCŞOARĂ
AMAR	PAPRIKA
SCHINDUF	PIPER
GHIMBIR	ȘOFRAN
SCORȚIȘOARĂ	AROMĂ
CARDAMOM	CEAPĂ
CURRY	VANILIE
USTUROI	FENICUL
CHIMION	DULCE
CORIANDRU	SARE

26 - Groenten

```
D E E Ă U A Z E Z E T R Ș M U E
S O F N Ț M H K V M T I A Ă C U
K A V I E V V O X Ț K D L S G C
O P O L T T F L K W O I O L V I
O M C E E D G M E V C C T I B U
V D R Ț V A E R G J A H Ă N X P
R P O L A X C P U Ț N E J Ă L E
W N M V R T B E L E A U N H M R
G A F Y T V L C F Y P S R W A C
C T O D S Â O O V W S E S T Z Ă
K E E R A N I H G N A I B O Ă F
L Q A P C Ă T A L A S Ș I E R P
V S D P O T B R O C C O L I E A
P K L A Ă Ă X U S T U R O I Z N
G H I M B I R D W Z L O G O S R
Ț L S D M T P F E B R X J S Ț S
```

ANGHINARE
VÂNĂTĂ
BROCCOLI
MAZĂRE
GHIMBIR
USTUROI
CASTRAVETE
MĂSLINĂ
CIUPERCĂ
PĂTRUNJEL

DOVLEAC
NAP
RIDICHE
SALATĂ
ȚELINĂ
ȘALOTĂ
SPANAC
ROȘIE
CEAPĂ
MORCOV

27 - Archeologie

```
J  P  A  E  V  A  L  U  A  R  E  H  N  Y  C  A
F  R  C  N  R  E  L  I  C  V  Ă  A  E  S  I  L
O  O  F  L  T  R  E  P  X  E  Z  O  C  W  V  J
S  F  N  Ă  P  I  H  C  E  P  I  Ţ  U  H  I  B
I  E  L  R  W  P  C  S  A  T  L  W  N  D  L  H
L  S  V  O  I  X  W  H  V  V  A  E  O  D  I  Q
M  O  G  T  E  N  F  O  I  X  N  A  S  M  Z  F
G  R  G  Ă  T  O  A  S  E  T  A  Ţ  C  I  A  R
H  F  D  T  N  N  Y  Q  Z  N  A  C  U  S  Ţ  X
O  Z  C  E  E  L  M  N  D  Â  K  T  T  T  I  B
B  U  H  C  M  M  N  Ţ  N  M  L  A  E  E  E  U
I  G  Q  R  G  R  P  S  D  R  G  T  X  R  B  O
E  R  R  E  A  D  P  L  B  O  G  I  M  D  U  V
C  S  N  C  R  F  D  P  U  M  P  U  I  C  K  J
T  J  J  D  F  Ă  D  E  S  C  E  N  D  E  N  T
E  C  A  W  Ţ  O  E  O  U  W  R  A  Y  Q  A  L
```

ANALIZĂ   OBIECTE
CIVILIZAŢIE   NECUNOSCUT
OASE   CERCETĂTOR
EXPERT   ANTICHITATE
EVALUARE   PROFESOR
FOSIL   RELICVĂ
FRAGMENTE   ECHIPĂ
MORMÂNT   TEMPLU
MISTER   ERĂ
DESCENDENT   UITAT

28 - Dans

```
M  X  V  I  S  E  R  P  X  E  M  O  Ț  I  E  G
C  H  V  H  D  I  V  E  Y  F  T  Ț  K  K  J  R
I  U  R  H  A  Ț  I  Y  N  I  I  I  T  Y  B  F
F  I  L  M  G  A  Z  U  D  E  R  A  C  Ș  I  M
E  C  C  T  U  R  U  A  V  F  T  Ă  T  R  A  N
L  O  E  L  U  G  A  P  A  W  K  R  M  J  X  I
Ț  T  B  W  A  R  L  X  X  I  Q  U  A  F  T  S
B  M  D  M  R  S  Ă  E  I  Ț  I  T  E  P  E  R
Ă  C  I  Z  U  M  I  Z  Y  I  G  S  Q  F  D  R
M  O  K  Ţ  T  Y  X  C  D  I  G  O  I  D  N  Y
E  R  N  B  Ţ  M  A  E  I  K  Q  P  H  V  X  L
E  P  T  R  A  D  I  Ţ  I  O  N  A  L  E  R  U
R  V  C  O  R  E  G  R  A  F  I  E  E  S  B  M
X  Y  Ţ  C  T  Q  B  G  P  I  W  K  O  E  S  J
D  S  Z  F  M  C  U  L  T  U  R  A  L  L  P  N
A  C  A  D  E  M  I  E  Q  C  N  M  O  C  Z  W
```

ACADEMIE
MIȘCARE
VESEL
COREGRAFIE
CULTURAL
CULTURĂ
EMOȚIE
EXPRESIV
GRAȚIE
POSTURĂ

CLASIC
ARTĂ
CORP
MUZICĂ
PARTENER
REPETIȚIE
RITM
TRADIȚIONAL
VIZUAL

29 - Ziekte

```
C K H J K S J K P C U Z A J D S
I O X Y B E I T A P O R U E N L
T I N D Ă M I N I P D A Y R S A
E Ţ M T U C A S U E R T B A B B
N H D U A S T A O S E I G T L V
E W L H N G T Q A H Y D I I M Q
G X L W Z I I T I J N E C R N N
S Ţ M S O K T O B A A R Q I P R
T E R A P I E A S M I E D D F B
C X O Y I I R O T A R I P S E R
R S Ă N Ă T A T E E E F R P O R
O A L E R G I I F C T Ţ J G A K
N C O R P D B N P Ţ C S Z O S L
I S I N D R O M G T A V V E W
C O S L A N I M O D B A I S A D
R W E L Q M S J D Z R P T S L T
```

ACUT
RESPIRATORII
ALERGII
BACTERIAN
CONTAGIOS
OASE
ABDOMINAL
CRONIC
EREDITAR
GENETIC

SĂNĂTATE
INIMĂ
IMUNITATE
CORP
NEUROPATIE
IRITARE
SINUS
SINDROM
TERAPIE
SLAB

30 - Mythologie

```
M G E L O Z I E M R Ă V Z V Z A
N U E J H M Ţ L F O D O Y N Ţ B
E O R B Ţ A Q N U C N J G U S Y
M R A I U Ţ T M L P E S K Ţ Z C
U E N X T O B M G W G Y T N G U
R C U T N O U N E N E J Q R B L
I C B Ă I Z R N R G L B R Z U T
R M Z R V L A B I R I N T A R U
E T Ă I C R E A R E K I L N T R
G B R E Q O T C A L A C T I S Ă
C O M P O R T A M E N T E O A R
A R H E T I P W Z T S A A R Z U
R Ă Z B O I N I C U V S Ţ E E T
Q D V V E J G I E N K A Y Z D P
U E U W X G X D Ţ E B U T L G Ă
B I G Z C F E W F T D V D U E F
```

ARHETIP	GELOZIE
FULGER	TĂRIE
CREARE	RĂZBOINIC
CULTURĂ	LEGENDĂ
TUNET	MONSTRU
LABIRINT	NEMURIRE
COMPORTAMENT	DEZASTRU
EROU	MURITOR
EROINA	FĂPTURĂ
CER	RĂZBUNARE

31 - Eten #1

```
R W M O U Z G X A V B E I X C W
G X S J B B D R E P U Z B G B R
T S I C S P A N A C S A A W T N
O C U V O C R O M H U W U E K L
S U C P F R Ă A A V I T O N X U
M K Ă Z Ă Z Ț P Q Q O A X R W Ţ
U S T U R O I I Ș X C R F A R Q
A R A H I D Ă C Ș U E I X C W F
X F L X B E J X J O N P F S L M
I E A U P T O R Z C A Ă S A R E
C J S L E A L Z J B L R H Z K R
X Z S E Q C Z R C P E F Ă A E P
X D M X B Q A F A Q I I S H X C
D A T L A P T E I Â M Ă L Ă K D
H T Y S B W D E S G B H Ă R A P
G K A Z Y P P K Ă P A E C W Ţ Ţ
```

CĂPȘUNĂ
CAISĂ
BUSUIOC
LĂMÂIE
ORZ
SCORȚIȘOARĂ
USTUROI
LAPTE
PARĂ
ARAHIDĂ

SALATĂ
SUC
SUPĂ
SPANAC
ZAHĂR
TON
CEAPĂ
CARNE
MORCOV
SARE

32 - Avontuur

```
Y G P B S E X C U R S I E N Y P
Ț P R T I U Ș I B O E N A E E
U J I O L P R L S V Q E R V N R
U C E Ț F F R P J Q X J J I T I
H U T G P I Z O R P F L U G U C
F R E H E F Q K V I L J J A Z U
R A N U U R Ă E X O N P G R I L
U J I R F O Ț T O I C Z F E A O
M D E S T I N A Ț I E Ă Ă I S S
U M I I B K A T O R T P R T M T
S K R V R Y R I N O K Ț U I O X
E V U A Z D U V W T T I T W J R
Ț R C H P U G I Q Ă S N A Ș O O
E C U I U D I T X L Ț L N O F H
Z R B V O C S C Y Ă R L M B Ț M
V V W B R E N A A C B Q O Y H V
```

ACTIVITATE
DESTINAȚIE
ENTUZIASM
EXCURSIE
PERICULOS
ȘANSĂ
CURAJ
NATURĂ
NAVIGARE

NOU
NEOBIȘNUIT
CĂLĂTORII
FRUMUSEȚE
PROVOCĂRI
SIGURANȚĂ
SURPRINZĂTOR
BUCURIE
PRIETENI

33 - Restaurant #2

```
C O S O I C I L E D Z B W H N D
O T R U Ţ L X Ă T A L A S W T H
N W F Ă P A Ţ F Ş D M S J O W J
D Ţ F P G A P S E R A S H D L Y
I W C U M O R J P M W L H Z K G
M F F I R E N L E H C J J W B Z
E T E C N C A P U V X R O T W S
N D W A U A Ă B Ă U T U R Ă U P
T N K W A G H E A Ţ Ă T O R T L
E S Q H C Z M L J O B S X J V E
X J B K S M N P W R S L A F X G
U Ţ Z B T M B Â X X L M P X F U
Ţ O T K Y O H F R U C T X Q N M
I E L I N G U R Ă P U S W N S E
S Ţ K I S E F Ţ A R S Ţ U W Q R
L D L I Y R F A P E R I T I V V
```

TORT	CHELNER
CINA	SALATĂ
BĂUTURĂ	SUPĂ
OUĂ	CONDIMENTE
FRUCT	SCAUN
LEGUME	PEŞTE
DELICIOS	APERITIV
GHEAŢĂ	FURCĂ
LINGURĂ	APĂ
PRÂNZ	SARE

34 - De Media

```
L A U T C E L E T N I B J C L E
I N N X E I R T S U D N I O M D
P H T V A L X Q G E V Ț D M V I
P P R E S Ă E K S N O H I U Q Ț
O U G T X V Ț V W R W K G N P I
N K B N A R R W I M X I I I L E
L Z P L P Ț J A H Z N C T C O I
I K H Ț I V E C D G I R A A C Ț
N W B S I C Q I H I A U L R A A
E Ț F D O P I N I E O K N E L C
I N D I V I D U A L F I D E E U
C O M E R C I A L B A E Ț E R D
Z E Ț J F D O W Ț Y P C O I Z E
A T I T U D I N I E T S I V E R
C Ț W B R N X B E L E S M A Ț N
F I N A N Ț A R E A U K U L M U
```

COMERCIAL
COMUNICARE
DIGITAL
EDIȚIE
FAPTE
FINANȚAREA
ATITUDINI
INDIVIDUAL
INDUSTRIE
INTELECTUAL

PRESĂ
LOCAL
OPINIE
REȚEA
EDUCAȚIE
ONLINE
PUBLIC
RADIO
TELEVIZIUNE
REVISTE

35 - Bijen

```
B G Z F J F F Q A K S D F R Q H
B E Ă M D L V J W A Z G C U P A
G R N P O O O X Y S A P F D M B
E A I E L R Y P M J S Ţ U E N I
S O D A F I W V P H A T F X N T
U S Ă N M I I A L I M E N T E A
R P R T W U C I M V R A E Y R T
R E G I N Ă R A E C O N L P E X
S E Ă S L T A X J L I I O O I J
F R O T A Z I N E L O P P A M V
A Z K V C S A T V M X I D H V M
Y Q N Q J E T A T I S R E V I D
M L D M F G S P D L X A F O N U
F R U C T W M N S T U P D I B Y
P F N W E C O S I S T E M Z V N
P L A N T E Ţ S F B M O V X J J
```

POLENIZATOR
STUP
FLORI
DIVERSITATE
ECOSISTEM
FRUCT
HABITAT
MIERE
INSECTĂ
REGINĂ

PLANTE
FUM
POLEN
GRĂDINĂ
ARIPI
ALIMENTE
BENEFIC
CEARĂ
SOARE
ROI

36 - Wandelen

```
S G H Q C Z Ț G B R V V R Ț P I
P Ă D I E L A M I N A M J R R U
H A L P X P I Ț D E C F E E E I
A S R B L E I M U W H Ț L A G O
R T M C A M E O A E R A O S Ă B
T Â U Z U T S V K T C C W T O
Ă N N B E R I Ț V N P A I X I S
C C K E M Z I C A U S M R S R I
Y Ă F U P P Ț O P M Q P E M E T
G R E U U I Â I Ă B M I P E A N
I M Z N J E N R P N A N F K S U
G Q V M Z T Ț Q S Z U G S I V V
J K D K N R A N A T U R Ă C U K
Z Q J U S E R A T N E I R O J M
S U M M I T I E H W J H I L N M
K K N F O F Z O I G Y R Y T G Y
```

MUNTE   NATURĂ
ANIMALE   ORIENTARE
PERICOLE   PARCURI
HARTĂ   PIETRE
CAMPING   SUMMIT
STÂNCĂ   PREGĂTIREA
CLIMAT   APĂ
CIZME   SĂLBATIC
OBOSIT   SOARE
ȚÂNȚARI   GREU

37 - Ecologie

```
K V V R A N S P E C I E Ț Ț J W
V O E T E A R T J S D E W S S M
A L G E R T R M M L A Ș T I N Ă
R U E N I U A U J X E M A R I N
I N T R U R P T F A U N Ă I U M
E T A I Ț Ă Ă L I B A R U D L Z
T A Ț Y E F D V A S F X L E P I
A R I V I S C E D N R E I R F D
T I E U V Q O W S Ă T E C E S I
E F V T A T I B A H A E V Ț F I
Q Q X L R S G S G Y M S O I E Q
V M A F P W K L K P I D V D N
K I S B U O C D O N L L W E O N
O Q F C S E R I F B C H O V K M
F L O R Ă W R Z S U A F M Q R N
C O M U N I T Ă Ț I D L X D Z R
```

DIVERSITATE
SECETĂ
DURABILĂ
FAUNĂ
FLORĂ
COMUNITĂȚI
GLOBAL
HABITAT
CLIMAT
MARIN

MLAȘTINĂ
NATURĂ
FIRESC
SUPRAVIEȚUIRE
PLANTE
SPECIE
VARIETATE
VEGETAȚIE
VOLUNTARI

38 - Biologie

```
C  S  E  R  I  F  O  X  D  O  N  O  M  R  O  H
M  O  Z  O  M  O  R  C  F  T  E  J  M  R  V  M
H  E  L  J  M  U  L  I  W  C  R  K  K  B  O  H
E  I  Ţ  A  R  I  P  S  E  R  V  Ţ  P  A  U  K
P  Ţ  A  U  G  S  I  M  B  I  O  Z  Ă  E  S  M
S  U  S  Ă  Z  E  T  N  I  S  O  T  O  F  U  L
N  L  W  L  M  K  N  O  C  O  W  F  E  Y  X  W
Ă  O  F  I  F  F  O  R  A  E  I  Ţ  A  T  U  M
N  V  B  T  Q  K  I  U  V  N  L  F  F  R  Ă  T
I  E  I  P  N  T  R  E  V  Y  A  U  L  C  S  W
E  K  I  E  Z  R  B  N  X  K  F  T  L  X  P  A
T  H  V  R  T  Ă  M  I  Z  N  E  V  O  Ă  A  F
O  S  M  O  Z  Ă  E  K  L  N  Z  J  O  M  N  G
R  E  F  I  M  A  M  G  Y  X  E  E  Ţ  K  I  H
P  R  V  T  I  Y  Y  Ţ  W  N  Q  X  M  I  S  E
V  K  S  N  K  D  U  S  Y  I  T  S  B  O  N  W
```

RESPIRAŢIE	HORMON
ANATOMIE	MUTAŢIE
CELULĂ	FIRESC
CROMOZOM	NEURON
COLAGEN	OSMOZĂ
PROTEINĂ	REPTILĂ
EMBRION	SIMBIOZĂ
ENZIMĂ	SINAPSĂ
EVOLUŢIE	NERV
FOTOSINTEZĂ	MAMIFER

39 - Landen #1

```
C N Y P S X X E X C I Z P A Q Y
Z A M A R O C G L A G E N E S C
U I M N S G K I Ţ N N I E O N A
P N F B I Ţ N P R A L I B I A H
A A G O O B K T I D T Y Ţ Ţ J R
N M N D Q D E F E A I N A P S S
A R A O V J G L I S R A E L I Z
M E O N R W F I G R O M Â N I A
A G I C Q V U X A I L I Z A R B
I C T A Y Q E L I K A R I S V I
N N A E F S A G N K F C M Ţ I S
O F L Q N V F E I C L H M C V U
L I I Y J O S G J A Z I G Ţ Ţ G
O D A U G A R A C I N L E O W C
P L E T O N I A A Y C E P M G C
J H Q K U O K P A P R E H G E Ţ
```

BELGIA
BRAZILIA
CAMBODGIA
CANADA
CHILE
GERMANIA
EGIPT
IRAK
ISRAEL
ITALIA

LETONIA
LIBIA
MAROC
NICARAGUA
NORVEGIA
PANAMA
POLONIA
ROMÂNIA
SENEGAL
SPANIA

40 - Installaties

```
V  G  R  Ă  D  I  N  Ă  Z  N  U  R  F  O  N  X
D  E  T  Ă  B  A  M  B  U  S  U  P  Q  A  Q  P
Y  B  G  R  P  R  Ă  D  Ă  C  I  N  Ă  K  Ţ  B
F  K  Ţ  E  T  Ş  E  R  C  X  L  X  S  F  G  O
T  Y  H  D  T  N  Â  M  Ă  Ş  Ă  R  G  N  Î  T
M  U  H  E  R  A  O  L  F  V  P  L  Q  P  B  A
F  U  F  I  J  H  Ţ  Z  P  N  Ă  C  A  B  S  N
R  Y  Ş  I  T  N  X  I  X  Q  D  T  S  Ţ  J  I
U  L  Q  C  Ş  Ţ  D  N  E  W  U  H  Y  T  I  C
N  P  B  S  H  F  L  O  R  Ă  R  H  R  W  A  Ă
Z  V  I  S  E  I  O  R  R  C  E  I  A  R  B  Ă
E  A  F  P  W  Z  Z  M  N  A  Q  M  J  F  T  H
C  O  P  A  C  G  O  W  Ţ  C  E  E  M  E  L  J
F  A  S  O  L  E  R  H  Q  T  K  R  G  G  C  O
D  U  B  F  Y  T  G  Ţ  Q  U  F  M  M  Z  Ţ  E
Y  O  S  N  R  E  V  H  T  S  X  L  Q  H  N  Q
```

BAMBUS
BACĂ
FRUNZĂ
FLOARE
COPAC
FASOLE
PĂDURE
CACTUS
FLORĂ
FRUNZE

IARBĂ
CREŞTE
IEDERĂ
ÎNGRĂŞĂMÂNT
MUŞCHI
BOTANICĂ
TUFIŞ
GRĂDINĂ
VEGETAŢIE
RĂDĂCINĂ

41 - Agronomie

```
P  L  R  J  C  Y  G  Î  Ş  A  P  Ă  D  L  Q  O
E  R  A  U  L  O  P  N  L  T  E  L  J  U  L  R
I  D  N  V  R  P  K  G  A  Y  I  L  O  B  O  G
C  N  Ţ  Z  Z  A  V  R  D  C  Ţ  I  E  I  X  A
M  S  X  H  J  A  L  Ă  U  G  C  I  N  L  J  N
S  I  S  Î  E  M  E  Ş  R  Y  U  M  U  Ţ  V  I
J  K  L  Z  Ţ  S  X  Ă  A  N  D  E  I  C  Ă  C
L  L  E  C  N  U  Q  M  B  D  O  D  Z  E  A  S
Z  W  G  L  I  X  U  Â  I  K  R  I  O  R  D  Ţ
N  Q  U  Ţ  M  G  K  N  L  N  P  U  R  C  Y  I
P  D  M  W  E  U  J  T  Ă  U  V  M  E  E  Q  Ţ
U  J  E  F  S  E  N  E  R  G  I  E  H  T  J  N
C  R  E  Ş  T  E  R  E  X  C  N  R  J  A  Ţ  T
Q  F  B  L  X  E  C  O  L  O  G  I  E  R  B  U
R  N  H  K  E  R  A  C  I  F  I  T  N  E  D  I
I  D  D  A  G  R  I  C  U  L  T  U  R  Ă  L  W
```

DURABILĂ
ECOLOGIE
ENERGIE
EROZIUNE
CREŞTERE
LEGUME
IDENTIFICARE
AGRICULTURĂ
RURAL
ÎNGRĂŞĂMÂNT

MEDIU
CERCETARE
ORGANIC
PRODUCŢIE
SISTEME
POLUARE
APĂ
ŞTIINŢĂ
SEMINŢE
BOLI

42 - Oceaan

```
B  D  C  S  P  U  F  R  R  D  P  I  Ţ  W  C  J
S  E  A  R  T  H  Q  W  E  G  Y  V  A  J  I  W
Y  L  E  T  E  R  U  B  C  T  B  A  N  M  M  P
L  F  T  R  G  V  I  M  I  F  L  L  G  Q  A  X
H  I  O  K  L  Q  E  D  F  E  D  U  H  I  V  I
Ă  N  E  L  A  B  T  T  I  M  K  R  I  P  R  N
A  O  A  P  E  Ş  T  E  Ă  E  E  I  L  U  D  F
F  T  U  N  A  V  E  W  Ţ  S  H  D  Ă  O  Y  U
Ţ  L  K  C  X  V  H  I  Q  R  O  U  Q  S  R
B  A  R  C  Ă  F  K  J  T  I  E  G  A  Z  E  T
X  R  G  M  M  V  P  B  A  R  C  O  U  H  E  U
U  O  F  Q  Z  F  O  G  C  P  H  V  Y  S  M  N
I  C  M  T  Ţ  S  E  X  A  U  I  S  A  Y  W  Ă
P  A  E  O  L  X  H  V  R  Z  N  G  R  M  B  M
Y  T  J  M  W  J  J  W  A  M  A  R  E  E  L  I
S  A  R  E  I  R  B  T  C  Y  A  N  R  Y  W  U
```

ANGHILĂ	MEDUZE
ALGE	CARACATIŢĂ
BARCĂ	STRIDIE
DELFIN	RECIF
CREVETĂ	BURETE
MAREE	FURTUNĂ
VALURI	TON
RECHIN	PEŞTE
CORAL	BALENĂ
CRAB	SARE

43 - Landen #2

```
M A Z Ţ U I R D T M T I J T K I
A I R E G I N W J Q W I C C N R
L Z Ţ I A Ţ N A R F M T E N E L
A E O A N I A R C U C E D F P A
E N T E D Z S N S T S L X C A N
Z O S H A R S U C E J A D I L D
I D Q F I C X L R T N O A U C A
A N H P N A B I L I P S N N I I
R I L F O H Y R B O J A E K Y L
X U K A P Ţ D G B P J H M L I A
J P H D A I R E B I L V A P P M
Q D W G J Z Ţ R F A Q A R Ţ S O
K E N Y A G R E C I A S C C Y S
P G F N J G Q L H N X D A I J A
K D P X W R X C V I S X R L B P
T T F A D S I R I A X Ţ Z K W Y
```

DANEMARCA
ETIOPIA
FRANŢA
GRECIA
IRLANDA
INDONEZIA
JAPONIA
KENYA
LAOS
LIBAN

LIBERIA
MALAEZIA
MEXIC
NEPAL
NIGERIA
UGANDA
UCRAINA
RUSIA
SOMALIA
SIRIA

44 - Landschappen

```
U G L G Q O M F Q I U Q I U W S
G H T L H A S M Z E I Q N W Ţ I
V E A E A E O E Ţ G Ţ Z S H D B
Y I O X B T Ţ A Y A F S U Â R T
N Z L V O N W A T S I W L H P U
B E Q F I U J K R Q P S Ă U R N
V R E I I M D R E H E O B O Ţ D
R U V D S Q V E Ș L Ș C V E Ţ R
U Ă L U S N I N E P T E A A R Ă
U Z A C O F Ţ J D O E A L C Ţ G
X A E R A M S N B Y R N E M L L
J O D G Y N M R A T Ă I Y G H Z
C A S C A D Ă M L A Ș T I N Ă H
D S F S K A H J M L K N K H R T
J B P N J F P A E L A C B R D O
C V P L A J Ă H N T P W B I K E
```

MUNTE   OCEAN
INSULĂ   RÂU
GHEIZER   PENINSULĂ
GHEŢAR   PLAJĂ
PEȘTERĂ   TUNDRĂ
DEAL   VALE
AISBERG   VULCAN
LAC   CASCADĂ
MLAȘTINĂ   DEȘERT
OAZĂ   MARE

45 - Tuin

```
U F C Q L U E B U D Y Ț S L L C
A F Ț X Y H J A R A G B B V P K
W Ă B Ă Y A B N U T R U F R Y N
Ș D Ț L S M G C N Ă F C T G U J
I A R B Ă A A Ă D N A R E V J T
F V U E N C R A W I N T O U O C
U I R R I J D E H D U X J X A L
T L H G L O S R T Ă X C W O L P
K W Q G U U F M N R J E V N L K
C R T N B D H L L G C Ț K G J N
N Y X I M G G A O O U Z I A H F
U L Z Q A P S K O A P R A Z D U
F X W F R C O P A C R A Z O X S
H J R W T D L A L S V E T N E Y
I K K I G Q D L J S O W G Ă V Ț
K I B U R U I E N I A V B L J L
```

BANCĂ	GARD
FLOARE	BURUIENI
SOL	LOPATĂ
COPAC	FURTUN
LIVADĂ	TUFIȘ
GARAJ	TERASĂ
GAZON	TRAMBULINĂ
IARBĂ	GRĂDINĂ
HAMAC	VERANDĂ
GREBLĂ	IAZ

46 - Beroepen #2

```
I A C B J U R N A L I S T L F Ț
L D V I T C E T E D N B U I O G
U O R B D C H I R U R G A N T B
S A E L Q E U F M U L A N G O J
T R V I F I M B Z C F U O V G A
R O R O T Ă T E C R E C R I R C
A P E T O T N U Ț E W N T S A F
T I I E K O Y W N N V D S T F I
O L M C B P U D V I I E A X W L
R O R A J I I Z X G U N D G X O
Y T E R L L O C B N V T G C W Z
B Y F I P G U L T I N I I W J O
G R Ă D I N A R O O E S G W E F
P R O F E S O R P G R T Ț J F C
C N H B Ț I N V E N T A T O R T
I V F P Q F L P E H B C Ț R O E
```

MEDIC	INGINER
ASTRONAUT	JURNALIST
BIBLIOTECAR	PROFESOR
BIOLOG	LINGVIST
FERMIER	CERCETĂTOR
CHIRURG	PILOT
DETECTIV	PICTOR
FILOZOF	DENTIST
FOTOGRAF	GRĂDINAR
ILUSTRATOR	INVENTATOR

47 - Dagen en Maanden

```
A  T  S  G  A  I  A  N  U  A  R  I  E  D  V  F
Q  U  N  Ă  C  I  N  I  M  U  D  C  P  Y  Ţ  E
J  Z  G  K  P  C  A  L  E  N  D  A  R  C  Q  B
J  Q  I  U  M  T  L  B  X  B  L  J  A  J  C  R
Q  A  G  X  S  A  Ă  I  V  N  U  S  O  C  C  U
Ţ  I  N  U  L  T  R  M  B  D  N  E  Q  Y  K  A
S  R  I  U  N  I  E  T  Â  U  Ă  P  Ţ  D  A  R
I  U  L  I  E  M  Ţ  O  I  N  R  T  J  E  R  I
Ţ  C  S  Â  M  B  Ă  T  Ă  E  Ă  E  J  O  I  E
R  R  N  Z  S  U  L  K  R  C  K  M  T  Z  G  U
A  E  I  R  B  M  O  T  C  O  N  B  W  K  A  N
M  I  R  E  N  I  V  B  N  B  B  R  Y  Y  I  T
V  M  C  A  F  I  H  G  L  W  K  I  P  G  J  D
N  O  I  E  M  B  R  I  E  A  O  E  O  X  W  R
F  J  C  F  P  W  K  T  K  J  J  D  L  U  P  J
Ţ  F  K  I  Z  I  G  S  C  B  G  E  P  C  T  T
```

AUGUST
MARŢI
JOI
FEBRUARIE
AN
IANUARIE
IULIE
IUNIE
CALENDAR
LUNĂ

LUNI
MARTIE
NOIEMBRIE
OCTOMBRIE
SEPTEMBRIE
VINERI
SĂPTĂMÂNĂ
MIERCURI
SÂMBĂTĂ
DUMINICĂ

48 - Beeldende Kunsten

```
S V S P S G T F N N Q T E F K C
C V R E I Ţ I Z O P M O C Ţ T R
U W U R E C Ă R B U N E L R X E
L X A S W A T C S Q F N H P D A
P W A P G L E Z I C E A R Ă V T
T G S E A X R Q Y M V S P Ă F I
U M C C P R C J B T A Ă R R O V
R T T I C T Ă L I G R A U T I
Ă H M I C R X I X X Ş E E T O T
N P L V T E I E S G E P B C G A
B N I Ă U I K M K T V O I E R T
A I F X R O Q B Q D A D B T A E
O O M Z A N X D U A L O E I F R
E G V P O R T R E T E P M H I O
W Y M P U P E Ţ O C T A N R E K
S S V X I B I E V S O C R A X K
```

ARHITECTURĂ
ARTIST
SCULPTURĂ
CREATIVITATE
ŞEVALET
FILM
FOTOGRAFIE
CĂRBUNE
CERAMICĂ
ARGILĂ

CRETĂ
CAPODOPERĂ
PIX
PERSPECTIVĂ
PORTRET
CREION
COMPOZIŢIE
PICTURA
LAC
CEARĂ

49 - Mode

```
X N Q M O Q C K B H Ă K E C U A
C C V O Z M R N J N R E D O M C
E Ă E D C B A K M M U T H N M C
T L E E N A O T U B T N S F I E
K E E L U X F B O K Ă I I O N S
T T N G Z X O U R S S M M R I I
N N A D A U V T I Q E Ă P T M B
K A V R I N U I G H Ț C L A A I
U D Ă A Q N T C I V Z Ă U B L L
A F R F Q B Ț F N Y T R U I I K
S C U M P S D Ă A Z I B W L S M
D W T F K W J X L K Z M T Z T O
Ț Y X A H Ț D O W K R Î C Y K D
H S E I R E D O R B K S T I L E
A M T U D D P R A C T I C P D S
G U N A E E M H Q Y K Y A T L T
```

MODEST
ACCESIBIL
BRODERIE
CONFORTABIL
SCUMP
SIMPLU
ELEGANT
DANTELĂ
ÎMBRĂCĂMINTE
BUTOANE

MINIMALIST
MODERN
ORIGINAL
MODEL
PRACTIC
STIL
ȚESĂTURĂ
TEXTURĂ
TENDINȚĂ
BUTIC

50 - Menselijk Lichaam

```
K  Q  P  M  P  P  A  C  Y  V  F  P  Y  C  Q  V
U  R  E  C  H  E  I  P  F  K  G  E  I  K  S  Ţ
T  E  G  E  D  C  H  C  A  M  O  T  S  E  S  X
L  I  N  X  W  U  C  V  I  T  Â  G  U  I  L  D
O  E  Â  P  U  K  N  L  M  O  Ţ  J  N  B  S  E
V  R  S  F  B  M  U  V  X  C  R  N  Z  R  B  Ţ
R  C  Q  L  Z  Q  N  I  R  E  Ă  B  D  Ă  P  R
M  W  M  G  S  F  E  N  Z  R  M  B  T  B  F  S
Â  F  L  A  F  R  G  I  Ă  R  U  G  M  Ţ  J  U
N  A  F  Z  S  O  T  M  C  B  B  L  F  I  Q  E
Ă  C  E  C  A  T  E  Ă  L  U  P  E  X  S  L  A
Q  L  W  R  Z  N  L  C  A  O  J  Z  B  M  D  O
F  D  F  P  Y  C  C  U  F  Ţ  B  N  P  L  L  Q
S  Q  O  H  Q  W  X  T  S  V  R  Ă  G  A  B  R
F  R  W  O  U  R  Z  X  W  K  D  W  S  Z  G  T
T  Z  F  J  L  Q  Ţ  N  S  Y  L  N  A  S  Q  J
```

PICIOR	BĂRBIE
SÂNGE	GENUNCHI
COT	STOMAC
GLEZNĂ	GURĂ
MÂNĂ	GÂT
INIMĂ	NAS
CREIER	URECHE
CAP	UMĂR
PIELE	LIMBĂ
FALCĂ	DEGET

51 - Energie

```
U G E E J L B N E G O R D I H R
P N O H D X A C L R M P R D J E
I O W N O R T C E L E E B N K G
N B L R Y W E S C N U C D E T E
D R H U Ţ X R O T O M A B I R N
U A T Ă A H I S R M O X J P U E
S C C N Z R E K I N W L S O V R
T Ă N I Z N E B C I U V Ţ R F A
R R M B R F O T O N X C L T R B
I U Z R Ţ T J N S W O A L N A I
E D X U K N B Â A X C O G E N L
T L C T J F K V K W L A C H A E
M Ă N I R O T O M L D U H R S R
E C C O M B U S T I B I L C T I
Ţ Q Ţ L Ţ S V I B B A U J N E V
A B U R V B S G O W M S P Y E M
```

BATERIE	CARBON
BENZINĂ	MOTOR
COMBUSTIBIL	NUCLEAR
MOTORINĂ	MEDIU
ELECTRIC	ABUR
ELECTRON	TURBINĂ
ENTROPIE	POLUARE
FOTON	CĂLDURĂ
REGENERABILE	HIDROGEN
INDUSTRIE	VÂNT

52 - Familie

```
N M G T Q P U S B U N I C B N J
J A N P A M K O Ț Ț B H L U N U
F M Ț A F T P Ț N C P C Z N G T
Q Ă J T M O Ă U Y E C N S I F Y
L U U E I V R L T P U P C Ț A
U W F R C X Z I Z A C O P A G S
P C M N Q N R P A R O S T W P Z
M Ă T U Ș Ă U O Y F P F I I C A
G E H A K W J C F P I E H U Z G
S T R Ă M O Ș K I M L I S D Ț E
T H I E O J E S H X Ă U P Y J M
D V T H Ț C Ț X E O R T N O D E
B J C E I D H Ț N C I E A E C N
D F S Z Q Ț R M Q J E I Ț O S I
H G R D L I K E C Ț T K B U L L
Q A B I I N E P O A T Ă Ț H B O
```

FRATE	UNCHI
FIICA	BUNIC
BUNICA	MĂTUȘĂ
COPILĂRIE	GEMENI
COPIL	TATĂ
COPII	PATERN
NEPOT	STRĂMOȘ
SOȚUL	SOȚIE
MAMĂ	SORA
NEPOATĂ	

53 - Gebouwen

```
S  Z  M  X  B  T  N  E  M  A  T  R  A  P  A  T
C  U  Ţ  W  T  R  M  O  L  G  G  U  N  Y  M  E
A  Ţ  P  M  Ţ  O  M  Z  I  C  R  W  U  C  B  A
B  L  B  E  V  C  O  M  U  D  B  R  X  I  A  T
I  Q  Ţ  L  R  A  B  M  A  H  A  O  W  N  S  R
N  U  C  A  W  M  K  K  Z  G  R  T  P  E  A  U
Ă  U  Ţ  D  M  U  A  O  T  P  K  A  S  M  D  S
Z  M  U  Z  E  U  Z  R  H  T  U  R  N  A  Ă  P
V  W  F  R  Y  Y  W  L  K  U  J  O  F  Ţ  M  I
U  E  Ţ  P  Y  I  F  B  C  E  N  B  E  N  R  T
I  A  Ş  A  T  F  B  Q  K  M  T  A  B  K  E  A
A  N  S  C  C  K  R  H  Ţ  Ţ  V  L  O  H  F  L
E  Z  Y  U  O  O  B  S  E  R  V  A  T  O  R  X
C  T  X  Y  H  A  C  A  S  T  E  L  E  T  O  H
G  P  H  H  K  K  L  X  L  H  L  H  N  Y  Q  G
T  X  M  M  D  G  V  Ă  C  I  R  B  A  F  O  M
```

AMBASADĂ
APARTAMENT
CINEMA
FERMĂ
CABINĂ
FABRICĂ
HOTEL
CASTEL
LABORATOR
MUZEU

OBSERVATOR
ŞCOALĂ
HAMBAR
STADION
SUPERMARKET
CORT
TEATRU
TURN
SPITAL

54 - Beroepen #1

```
B S I I R W C P R E H C N A B E
I D M U P K H U O P G E O R F P
J Z H G L B P M D M I N B M K K
U C A R T O G R A F P A Q M G E
T A M O N O R T S A J I N P N V
I V R T P Q O S A S D C E I K R
E O O I O J T I B E A I V R S S
R C T D Y A C C M X N Z V U Y T
U A A E Z H O A A J S U Â X F E
Y T L O M N D M S N A M N F D L
E Y A K P E U R N G T M Ă K W T
V E T E R I N A R E O A T T T A
T V S U K V J F R O R K O S Z X
O D N D R P O Ţ P L Ţ X R Q F Q
P S I H O L O G Z O J A S E H Y
J B O Z U H U G H G P J F T I Z
```

AVOCAT

AMBASADOR

FARMACIST

ASTRONOM

ATLET

BANCHER

POMPIER

CARTOGRAF

DANSATOR

VETERINAR

DOCTOR

EDITOR

GEOLOG

VÂNĂTOR

BIJUTIER

INSTALATOR

MUZICIAN

PIANIST

PSIHOLOG

55 - Antarctica

Ș	P	L	U	E	R	A	V	R	E	S	N	O	C	T	B
P	T	E	A	L	Z	M	H	R	I	D	U	M	Q	O	S
I	N	I	K	U	H	M	I	E	F	L	O	G	A	P	C
N	E	Ț	I	S	M	G	N	G	A	Ă	Q	T	F	O	S
G	N	J	N	J	D	O	J	R	Ț	Z	A	N	G	A
U	I	D	S	I	Ț	H	R	U	G	A	X	P	M	R	R
I	T	E	R	J	F	I	I	Z	O	E	Ț	Ă	C	A	U
N	N	P	P	J	V	F	F	S	E	H	O	I	R	F	T
I	O	X	S	E	X	M	Ț	I	G	G	G	Ț	E	I	A
W	C	E	Z	N	N	J	Z	V	C	S	E	N	Ț	E	R
Z	T	X	I	T	I	I	J	M	I	N	E	R	A	L	E
Y	F	G	N	V	Y	H	N	S	T	Â	N	C	O	S	P
G	H	E	Ț	A	R	I	U	S	V	K	V	A	Z	N	M
Y	W	B	Y	F	D	Z	F	G	U	I	D	E	M	E	E
C	E	R	C	E	T	Ă	T	O	R	L	J	X	B	U	T
L	X	D	P	G	M	R	E	W	J	H	Ă	Ț	S	I	J

GOLF
CONSERVARE
CONTINENT
INSULE
EXPEDIȚIE
GEOGRAFIE
GHEȚARI
GHEAȚĂ
MIGRAȚIE
MINERALE

MEDIU
CERCETĂTOR
PINGUINI
STÂNCOS
PENINSULĂ
TEMPERATURA
TOPOGRAFIE
APĂ
ȘTIINȚIFIC
NORI

56 - Ballet

```
D R B I P R G T T S T P D M J P
P A G O U K E Z S E X H I W W R
O A N I E A S K Q O H A D M K A
H P V S R P T S Ț B S N L Z L C
O L E T A T I S N E T N I R D T
R A I A N T J A N I O X T C O I
C U Ț R Â Ț O G R F F P S F Ă C
H Z I T M I F R P A T O I F U Ă
E E T I E X Ă N I R E L A B P N
S R E S D J R I R G Ț Y P C U J
T O P T N J C I F E N E W V B R
R I E I Î Ț M J S R I Y L O L I
Ă K R C R O T I Z O P M O C I T
E X P R E S I V Ă C I Z U M C M
G R A Ț I O S O Q W Z M B H E L
V W S T B X M U Ș C H I T L B I
```

APLAUZE
ARTISTIC
BALERINĂ
COREGRAFIE
COMPOZITOR
DANSATORI
EXPRESIV
GEST
INTENSITATE
MUZICĂ

ORCHESTRĂ
PRACTICĂ
PUBLIC
REPETIȚIE
RITM
GRAȚIOS
MUȘCHI
STIL
TEHNICĂ
ÎNDEMÂNARE

57 - Fruit

```
N  B  K  L  Z  A  E  P  I  C  X  W  N  O  A  F
E  A  D  Ă  C  A  B  I  C  B  I  X  Z  Ţ  E  F
C  N  N  M  U  S  W  E  L  X  Ă  R  U  E  M  Z
T  A  D  Â  P  O  S  R  O  E  W  P  E  Z  Ţ  R
A  N  I  I  R  C  T  S  A  N  A  N  A  A  G  O
R  Ă  M  E  U  O  R  I  Y  E  A  P  Q  M  Ş  N
I  E  P  Y  N  C  U  C  A  P  V  O  Q  T  C  Ă
N  C  A  A  Ă  E  G  Ă  P  E  H  R  Ţ  F  F  Z
Ă  K  B  V  Q  D  U  I  A  P  M  T  K  X  J  X
Z  L  Z  L  O  Ă  R  A  P  J  I  O  D  I  U  X
H  B  Ţ  D  A  C  I  L  Y  B  M  C  F  U  W  J
Q  D  Y  E  Z  U  A  R  D  Q  Ă  A  N  Ţ  F  I
S  H  U  J  M  N  D  D  N  J  R  L  K  O  L  A
C  A  I  S  Ă  T  C  H  O  P  Ţ  I  C  T  D  O
N  A  H  M  X  S  K  V  B  J  T  U  K  T  I  T
C  D  G  R  G  V  J  M  A  N  G  O  Q  G  U  Z
```

CAISĂ	KIWI
ANANAS	NUCĂ DE COCOS
MĂR	MANGO
AVOCADO	PEPENE
BANANĂ	NECTARINĂ
BACĂ	PORTOCALIU
LĂMÂIE	PAPAYA
STRUGURI	PARĂ
ZMEURĂ	PIERSICĂ
CIREAŞĂ	PRUNĂ

58 - Engineering

```
M  F  D  L  Q  Y  I  S  I  B  R  S  S  S  L  M
E  R  Ă  X  A  R  U  T  C  U  R  T  S  T  I  A
Q  E  Q  Q  D  O  H  M  O  L  Ă  N  D  A  C  Ș
S  C  M  R  Â  T  E  U  N  D  M  Q  F  B  H  I
F  A  O  O  N  O  Z  I  Q  I  A  P  B  I  I  N
M  R  T  T  C  M  F  Z  R  A  R  G  G  L  D  Ă
Ă  E  O  A  I  N  I  G  T  M  G  N  Z  I  A  M
S  H  R  Ț  M  T  Q  R  S  E  A  I  X  T  R  I
U  U  I  I  E  W  X  W  U  T  I  H  J  A  S  Ș
R  V  N  E  H  U  K  P  O  R  D  G  M  T  O  C
A  T  Ă  P  M  J  U  Ț  M  U  S  N  R  E  Q  A
R  Ă  R  E  D  U  J  C  A  L  C  U  L  E  Ț  R
E  R  C  O  N  S  T  R  U  C  Ț  I  E  X  N  E
P  I  E  G  O  Y  F  K  X  W  Y  Y  V  G  K  E
V  E  I  S  L  U  P  O  R  P  A  V  H  E  Y  Z
Y  C  Ț  I  Q  A  G  H  W  T  W  N  A  V  F  Q
```

AXĂ	TĂRIE
CALCUL	MAȘINĂ
MIȘCARE	MĂSURARE
CONSTRUCȚIE	MOTOR
DIAGRAMĂ	ROTAȚIE
DIAMETRU	STABILITATE
ADÂNCIME	STRUCTURA
MOTORINĂ	LICHID
ENERGIE	PROPULSIE
UNGHI	FRECARE

59 - Literatuur

```
D T B Y R Y D T X C Y F P B H O
R F F M Ţ R I D E Ă Ţ K G I J P
A N E C D O T Ă I M T I R O Q R
S W H C R T E B Z I Ă M T G Ă F
T O B Z Z A Y D U R E R A R Z Z
I Y U Q J R O R L N G O L A I D
L B C Y E A P O C E N T N F L T
Ţ C X M I N I X N I N U T I A I
E N N P G A N I O L T A I E N R
N L R F O N I Y C D R E J D A D
U R X Z L E E V H B O Ţ O G P O
I Y B C A M M U Z L M F I P L S
Ţ P F S N B M E S W A S L G L N
C O M P A R A Ţ I E N Ţ A O K N
I F D B Ţ A N M E T A F O R Ă X
F J V P L E H T R A G E D I E U
```

ANALOGIE
ANALIZĂ
ANECDOTĂ
AUTOR
BIOGRAFIE
CONCLUZIE
DIALOG
FICŢIUNE
POEM
OPINIE

METAFORĂ
POETIC
RIMĂ
RITM
ROMAN
STIL
TEMĂ
TRAGEDIE
COMPARAŢIE
NARATOR

60 - Boeken

```
P  A  S  T  K  G  Ţ  C  Y  C  I  G  A  R  T  D
L  Z  V  U  G  A  M  T  G  L  I  T  E  R  A  R
I  Z  N  E  T  S  E  V  O  P  C  P  D  O  I  C
N  P  T  J  N  R  O  M  A  N  I  R  E  T  N  O
D  P  A  C  T  T  P  N  M  P  T  E  D  U  V  L
E  S  T  G  O  Ţ  U  J  I  B  I  L  U  A  E  E
U  R  U  Z  I  S  I  R  C  S  T  E  A  V  N  C
M  C  T  O  E  N  Y  Q  Ă  A  O  V  L  F  T  Ţ
O  B  V  M  Y  C  Ă  M  Y  F  R  A  I  D  I  I
R  P  O  E  Z  I  E  C  Z  K  G  N  T  U  V  E
X  F  C  R  Q  R  P  O  O  V  N  T  A  Z  B  B
L  O  P  G  J  O  N  N  U  I  C  B  T  L  I  P
P  G  C  Y  B  T  Q  T  D  C  N  R  E  R  C  E
M  J  G  Y  R  S  Q  E  N  A  R  A  T  O  R  J
O  E  B  J  G  I  Q  X  R  D  M  G  I  C  Q  T
F  Q  J  G  B  H  V  T  O  P  V  K  P  N  T  K
```

AUTOR
AVENTURĂ
PAGINĂ
COLECŢIE
CONTEXT
DUALITATE
EPIC
POEM
SCRIS
ISTORIC

PLIN DE UMOR
INVENTIV
CITITOR
LITERAR
POEZIE
RELEVANT
ROMAN
TRAGIC
POVESTE
NARATOR

61 - Meer Informatie

```
E M U L S H S F V S B U D O V D
I X H Z O E C H U C N N N R W I
Z Q T Q I G E R D T W V H A H S
O K S R R Q N E I Z U L I C Ț T
L L I A E E A W C G N R E O F O
P O L N T M R F O C G R I L A P
X W A I S J I R O B O Ț I S U I
E Q E G I I U X T M M A Ț K T E
I C R A M C I N E M A G R Q G H
X W Z M Ă Y S J P E J E Ă X Z W
A I L I U T O P I E R L C O N R
L Q O E F C E I G O L O N H E T
A H Z B L P Q N Z U W R Z Ț J Ț
G S F N K Z G A A T T B L N S A
J U M X C X Z Y B L L M P C N A
F A N T A S T I C X P K J C F H
```

CINEMA
CĂRȚI
FOC
IMAGINAR
DISTOPIE
EXPLOZIE
EXTREM
FANTASTIC
FUTURIST
ILUZIE

MISTERIOS
ORACOL
PLANETĂ
REALIST
ROBOȚI
SCENARIU
GALAXIE
TEHNOLOGIE
UTOPIE
LUME

62 - Regenwoud

```
M  A  M  I  F  E  R  E  U  O  H  Z  N  L  M  F
S  B  T  Z  K  Q  Q  M  S  V  G  Y  Y  S  V  E
R  H  A  R  E  Q  J  Y  A  K  M  S  Y  Q  D  F
C  O  M  U  N  I  T  A  T  E  T  C  E  S  N  I
R  Q  I  L  X  R  B  D  N  R  X  B  D  O  R  H
E  R  L  P  I  Ă  R  U  T  A  N  O  I  R  E  C
F  C  C  I  R  S  H  M  G  V  R  T  V  O  S  Ș
U  K  Q  R  N  Ă  I  F  B  R  E  A  E  L  T  U
H  F  U  T  P  P  C  S  E  E  S  N  R  A  A  M
A  M  F  I  B  I  E  N  I  S  P  I  S  V  U  Q
N  R  E  F  U  G  I  U  C  N  E  C  I  Ț  R  M
Z  O  J  U  N  G  L  Ă  E  O  C  S  T  X  A  C
A  E  R  H  B  U  I  Q  P  C  T  H  A  Y  R  F
L  O  C  I  X  D  J  N  S  L  W  Y  T  S  E  T
I  N  D  I  G  E  N  E  X  P  W  T  E  E  T  M
S  U  P  R  A  V  I  E  Ț  U  I  R  E  V  T  Z
```

AMFIBIENI	NATURĂ
CONSERVARE	SUPRAVIEȚUIRE
BOTANIC	RESPECT
DIVERSITATE	RESTAURARE
COMUNITATE	SPECIE
INDIGENE	REFUGIU
INSECTE	PĂSĂRI
JUNGLĂ	VALOROS
CLIMAT	NORI
MUȘCHI	MAMIFERE

63 - Haartypes

```
I  O  U  D  Y  K  X  U  Ț  Y  C  W  Y  A  S  G
V  Z  Q  C  R  E  T  V  R  W  G  H  N  L  U  R
Ț  X  P  O  E  T  W  X  W  J  G  Y  E  B  B  O
O  X  H  K  H  Y  K  B  M  Q  U  G  L  L  Ț  S
P  N  C  L  X  B  K  Y  Ț  B  E  K  A  M  I  L
R  N  D  S  C  A  L  P  Y  L  M  X  O  Q  R  W
D  G  D  U  U  S  C  A  T  O  R  A  M  V  E  C
G  H  I  N  L  D  N  I  T  N  I  G  R  A  G  D
R  W  J  O  N  A  N  Ț  I  D  N  E  G  R  U  F
I  Q  J  V  J  D  T  A  B  K  N  W  Q  B  A  H
C  O  L  O  R  A  T  E  K  O  U  Ț  H  U  S  R
Ț  H  Ț  I  W  G  P  B  D  L  I  G  B  C  N  E
S  V  P  F  N  Y  U  Y  G  S  R  E  L  L  B  A
S  C  U  R  T  I  T  E  L  P  M  Î  U  E  K  D
T  L  N  P  V  R  F  C  S  O  T  Ă  N  Ă  S  J
I  Z  W  D  F  G  Ț  L  G  D  F  C  G  M  L  T
```

BLOND	SCALP
MARO	CHEL
GROS	SCURT
USCAT	BUCLE
SUBȚIRE	CRET
COLORATE	LUNG
ÎMPLETIT	ALB
SĂNĂTOS	MOALE
ONDULAT	ARGINT
GRI	NEGRU

64 - Stad

```
D P V U Z C C Q O F Y L R N X H
N J W L U J L I X Ă L A O C Ş W
Z U R D N N V Y Y P U O C Ţ H L
T R O P O R E A Q Ţ B D R V C Ţ
D T E K R A M R E P U S A Q N
B A N C Ă C E T O I L B I B R S
B E F X Ţ C L I N I C A L G F T
M T Y I A U D W B L L P B A A A
H O A E I R Ă T U R B N Z L R D
U Z R B P O K V Q Z I P N E M I
S W B R E S T A U R A N T R A O
U N I V E R S I T A T E S I C N
C E L I B R Ă R I E C O K E I D
H O T E L G L N M A V S P P E D
X E N I Z A G A M U Z E U K Q P
C I N E M A T C G B E F G Z N T
```

FARMACIE	AEROPORT
BRUTĂRIE	PIAŢĂ
BANCĂ	MUZEU
BIBLIOTECĂ	RESTAURANT
CINEMA	ŞCOALĂ
FLORAR	STADION
LIBRĂRIE	SUPERMARKET
GALERIE	TEATRU
HOTEL	UNIVERSITATE
CLINICA	MAGAZIN

65 - Creativiteit

```
S  C  H  J  C  I  T  A  M  A  R  D  L  I  J  L
A  Ţ  M  I  F  M  S  P  O  N  T  A  N  N  Y  K
U  A  P  H  K  P  J  E  P  A  W  F  V  V  K  Q
T  K  M  Y  Z  R  L  Q  Z  L  D  G  T  E  U  I
E  E  E  L  W  E  I  S  E  R  P  X  E  N  K  M
N  T  T  X  Z  S  X  R  N  K  G  M  I  T  Y  A
T  A  A  B  K  I  I  R  K  J  R  L  Ţ  I  B  G
I  T  T  T  F  E  L  R  A  S  J  X  A  V  T  I
C  I  I  N  I  S  E  N  T  I  M  E  N  T  E  N
I  R  L  J  I  S  V  I  Z  I  U  N  I  Q  I  E
T  A  A  F  Ţ  S  N  K  E  G  P  P  G  Q  Ţ  H
A  L  T  O  O  A  O  E  W  W  T  F  A  H  I  N
T  C  I  F  M  Q  W  S  T  X  K  R  M  S  U  Z
E  E  V  E  E  I  Ţ  A  Z  N  E  S  I  B  T  M
I  N  S  P  I  R  A  Ţ  I  E  I  L  H  N  N  V
A  R  T  I  S  T  I  C  I  W  K  C  L  M  I  U
```

ARTISTIC	INSPIRAŢIE
IMAGINE	INTENSITATE
DRAMATIC	INTUIŢIE
AUTENTICITATE	INVENTIV
EMOŢII	SPONTAN
SENZAŢIE	EXPRESIE
SENTIMENTE	IMAGINAŢIE
CLARITATE	VIZIUNI
IMPRESIE	VITALITATE

66 - Natuur

```
R  A  U  T  C  N  A  S  P  S  G  L  R  D  R  V
Â  S  Ă  L  B  A  T  I  C  T  H  D  F  F  P  R
U  M  P  Ț  A  A  C  L  T  Â  E  G  R  D  I  B
X  I  G  L  A  T  I  V  S  N  Ț  U  U  I  V  X
D  R  N  I  N  E  S  M  O  C  A  R  M  H  N  P
D  E  Ș  E  R  T  C  P  P  I  R  X  U  T  Z  R
A  Z  F  E  A  X  D  V  Ă  T  O  P  S  Ţ  Q  W
F  N  C  L  G  K  L  V  D  D  P  W  E  G  M  U
W  U  I  R  O  N  P  C  A  A  U  D  Ț  Q  Z  M
W  R  T  M  K  E  N  U  I  Z  O  R  E  W  H  Q
L  F  C  W  A  D  I  N  A  M  I  C  E  B  V  N
J  Ţ  R  K  S  L  A  C  I  P  O  R  T  U  J  H
U  U  A  B  O  H  E  N  I  B  L  A  Z  C  D  H
C  S  U  V  L  B  O  L  W  T  Z  Y  U  P  B  S
I  F  H  G  S  D  Ț  S  E  C  S  C  F  V  V  K
N  I  O  S  M  W  F  K  N  P  J  G  H  Q  W  V
```

ARCTIC	CEAȚĂ
ALBINE	RÂU
PĂDURE	FRUMUSEȚE
ANIMALE	ADĂPOST
DINAMIC	SENIN
EROZIUNE	TROPICAL
FRUNZE	VITAL
GHEȚAR	SĂLBATIC
SANCTUAR	DEȘERT
STÂNCI	NORI

67 - Zoogdieren

```
L  T  T  C  M  O  G  J  Y  G  X  H  X  K  G  Ţ
G  O  N  X  N  E  M  O  C  Ă  M  I  L  Ă  V  V
Q  I  G  Ţ  T  B  A  W  R  D  E  L  F  I  N  U
Z  O  R  F  N  M  I  I  U  I  Ţ  V  M  Y  S  L
C  C  V  A  A  W  M  E  G  B  L  N  Ă  I  Z  P
E  Â  M  R  F  W  U  P  N  N  B  Ă  G  T  C  E
X  J  I  E  E  Ă  Ţ  U  A  X  Ţ  C  A  L  U  P
Ţ  G  N  N  L  G  Ă  R  C  C  I  I  R  Z  D  T
S  K  N  Q  E  Ă  N  E  L  A  B  S  L  E  U  V
K  C  N  L  K  R  F  J  V  L  C  I  I  Q  X  Q
A  A  M  J  K  P  Q  V  A  I  N  P  W  I  Y  L
J  S  T  L  F  A  L  F  N  T  A  I  Z  X  D  Y
Y  T  A  B  O  C  H  X  R  J  R  T  D  K  V  J
Z  O  U  P  Y  Ţ  Q  E  X  P  V  Q  S  U  U  L
F  R  R  K  Ţ  S  H  D  T  G  G  J  S  E  Z  N
E  U  I  X  U  I  O  H  E  P  H  O  F  O  F  Z
```

MAIMUŢĂ	CANGUR
CASTOR	PISICĂ
COIOT	IEPURE
DELFIN	LEU
MĂGAR	ELEFANT
CAPRĂ	CAL
GIRAFĂ	TAUR
GORILĂ	VULPE
CÂINE	BALENĂ
CĂMILĂ	LUP

68 - Overheid

```
D E I N E Ț Ă T E C I S R A S E
K I O X N Z T A J E R I B R O V
I Ț S O G N I I T N E M U N O M
L U C C Z P Ț U R T F B J F Z F
Q T D I U G O H U C X O W N I X
F I D D I Ț E L J I L L N N S H
C T Y I J K I O I R T I U S L T
J S R R K A Ț E B T X V L E B Z
F N H U G W A T A S I I R N Q O
O O G J Y C R A G I A C Ț U F Ț
U C O H F W Ț T P D R E Ă I L E
G X U S X W O R E D I L B Ț O G
H A S Z Ț J M E D R E P T A T E
J B S T Ț I E B N A Ț I O N A L
H C E G A C D I D R E P T U R I
G X E T A T I L A G E G C Ț C Z
```

CETĂȚENIE
CIVIL
DEMOCRAȚIE
DISCUȚIE
EGALITATE
JURIDIC
DREPTATE
CONSTITUȚIE
LIDER
MONUMENT

NAȚIUNE
NAȚIONAL
POLITICĂ
DREPTURI
STAT
SIMBOL
VORBIRE
LIBERTATE
LEGE
DISTRICT

69 - Voertuigen

```
S  J  H  E  U  O  L  G  S  T  O  Y  C  L  U  C
F  I  F  W  V  J  S  H  N  P  I  S  P  S  T  A
E  L  M  L  Y  Y  F  J  M  P  L  U  T  Ă  B  R
A  M  B  U  L  A  N  Ț  Ă  T  E  H  C  A  R  A
R  F  H  Z  C  A  B  E  P  O  L  E  V  N  A  V
U  O  Q  J  B  V  H  J  R  A  E  A  L  K  T  A
M  O  T  O  R  I  W  Z  D  T  K  P  T  M  R  N
E  N  R  T  Y  O  U  K  W  L  D  Z  H  A  A  Ă
L  O  E  T  A  N  I  R  A  M  B  U  S  Ș  C  C
I  A  T  O  E  X  D  N  H  Y  Z  B  T  I  T  R
C  X  U  G  L  M  I  Y  D  W  T  O  W  N  O  A
O  O  C  L  Z  Y  I  E  B  Q  O  T  T  Ă  R  B
P  Ț  S  C  A  M  I  O  N  G  H  U  O  G  T  Ț
T  M  J  U  Z  F  Y  T  P  B  Z  A  O  F  M  Y
E  Ț  G  Q  R  W  X  Q  D  H  Q  S  X  Z  Q  G
R  P  V  W  S  W  B  I  C  I  C  L  E  T  Ă  M
```

AMBULANȚĂ	SUBMARIN
MAȘINĂ	RACHETĂ
ANVELOPE	SCUTER
BARCĂ	TAXI
AUTOBUZ	TRACTOR
CARAVANĂ	TREN
BICICLETĂ	BAC
ELICOPTER	AVION
METROU	PLUTĂ
MOTOR	CAMION

70 - Geografie

```
L K P Q A A T L A S E U U K E U
A H W P V L G P T Ţ E D R X X W
T Ţ A R Ă H T G C L O C D B M Y
I C W Z W Z P I U U D I O S E I
T O T M X C Y D T P I H V M R N
U N L E M U L E N U I G E R I S
D T V M P V Y R Y G D V Q V D U
I I T I V N U R J H U I H A I L
N N M S E P Ţ J L A X I N H A Ă
E E N F E T N U M O R A Ş E N Ţ
R N F E N V S U D Z O I H H A U
A T I R L O A B H R T J Q A E C
M D L Ă D K R D Z W A V W R C R
K U R Â U L M D R C U M G T O L
P S O N O T F Y X R C D Y Ă Z Q
D V R N E N L Ţ J Z E Z K A J R
```

ATLAS
MUNTE
LATITUDINE
CONTINENT
INSULĂ
ECUATOR
EMISFERĂ
ALTITUDINE
HARTĂ
ȚARĂ

MERIDIAN
NORD
OCEAN
REGIUNE
RÂU
ORAȘ
LUME
VEST
MARE
SUD

71 - Kunstbenodigdheden

```
M Q P L D C N E Z G R P Y X Ț N
D M P I F R O T O F T A R A P A
T B K P Ț E J Z X B K S S K M I
V O I I P I E M O A T T Y F A G
C O M C Y O T B Z N F E Z Q O S
E Ț P I J A S E Z E J L H R F Y
R I P S P N L L L E N U B R Ă C
N O I M E E B E P A L R A P Ă A
E P W K S L N R K T V I K L H C
A E N J C P E A X Z J E G D P R
L E I T R Â H U D W V M Ș Q O I
Ă S C A U N A C V E D C B W M L
Ț U L E I L T A B E L L W R N I
C R E A T I V I T A T E U K X C
P E R I I R O L U C Ț B Y X E G
H U Z N H N R A D I E R Ă H W Z
```

ACRILIC	CULORI
ACUARELE	LIPICI
PERII	ULEI
APARAT FOTO	HÂRTIE
CREATIVITATE	PASTELURI
ȘEVALET	CREIOANE
RADIERĂ	SCAUN
CĂRBUNE	TABEL
CERNEALĂ	VOPSELE
LUT	APĂ

72 - Barbecues

```
X  T  E  L  R  R  A  M  M  F  E  Q  I  J  K  D
P  Q  V  F  E  V  G  C  L  Y  D  O  Ţ  E  P  J
Z  V  T  H  A  G  T  E  T  P  P  Q  Y  I  W  P
A  F  A  X  N  M  U  Ţ  F  I  W  A  I  U  G  R
S  A  R  E  I  K  I  M  K  P  G  R  I  M  X  Â
H  S  H  Q  C  Z  Q  L  E  E  C  O  Ţ  G  U  N
F  G  G  R  Ă  T  A  R  I  R  A  S  W  G  A  Z
G  A  Q  Y  F  Z  V  M  P  E  R  I  N  Y  F  I
F  U  R  C  I  V  K  P  U  I  M  I  Z  C  I  N
C  Ţ  J  I  M  U  Z  I  C  Ă  G  A  N  C  E  V
U  P  Z  V  S  A  L  A  T  E  C  W  O  Ţ  R  I
Ţ  J  M  A  P  B  I  U  C  A  E  K  O  F  B  T
I  G  E  R  U  C  T  N  U  O  A  B  G  B  I  A
T  M  F  Ă  D  F  B  S  R  S  P  S  O  S  N  Ţ
E  Ţ  W  F  N  Z  E  Y  F  H  Ă  E  Q  Q  T  I
L  P  K  H  P  N  R  Ţ  D  D  C  A  X  R  E  E
```

CINA
FAMILIE
FRUCT
GRĂTAR
LEGUME
FIERBINTE
FOAME
PUI
PRÂNZ
CUŢITE

MUZICĂ
PIPER
SALATE
SOS
ROSII
CEAPĂ
INVITAŢIE
FURCI
VARĂ
SARE

73 - Schoonheid

```
K  A  B  H  F  A  R  M  E  C  Ţ  Q  C  A  H  E
T  K  H  M  X  T  S  I  L  I  T  S  P  K  C  L
T  N  B  Ţ  K  N  E  N  E  N  P  R  H  Ţ  D  E
F  Q  L  G  Q  A  V  W  I  E  L  C  U  B  D  G
S  O  E  E  O  G  A  X  P  G  P  I  R  R  V  A
E  Ă  A  Q  L  E  C  U  L  O  A  R  E  K  Z  N
R  D  M  R  I  L  E  C  I  T  E  M  S  O  C  Ţ
V  N  C  A  F  E  S  U  D  O  R  P  W  P  Y  Ă
I  I  E  W  C  E  Y  N  J  F  I  S  V  E  J  Ţ
C  L  I  T  S  H  C  O  Ţ  T  M  U  F  R  A  P
I  G  Ţ  Ş  E  X  I  E  Y  Z  E  Y  J  N  Ţ  O
I  O  A  A  H  D  H  A  K  T  L  U  E  W  X  H
O  R  R  M  B  G  A  L  J  Ţ  F  C  Ţ  O  X  M
K  Y  G  P  N  Y  Y  T  A  P  S  B  R  M  E  C
R  U  C  O  Q  E  X  C  K  E  E  Z  X  E  Ţ  V
R  U  J  N  S  U  N  Y  J  K  T  H  L  G  K  X
```

FARMEC	CULOARE
COSMETICE	BUCLE
SERVICII	RUJ
ELEGANT	RIMEL
ELEGANŢĂ	PRODUSE
FOTOGENIC	FOARFECE
GRAŢIE	ŞAMPON
PARFUM	OGLINDĂ
NETED	STILIST
PIELE	MACHIAJ

74 - Wetenschappelijke Discip

```
M  E  L  U  A  B  F  E  J  E  A  E  S  K  A  S
E  I  G  O  L  O  I  B  T  I  J  Ţ  M  S  G  O
I  A  N  E  P  C  J  O  O  M  Ţ  I  Ţ  F  K  C
G  N  A  E  B  Z  L  A  C  I  T  O  B  O  R  I
O  A  S  I  R  O  V  E  S  H  E  H  H  Q  V  O
L  T  T  G  Y  A  I  N  X  C  I  T  Ă  U  F  L
O  O  R  O  E  G  L  L  P  Q  G  M  C  A  I  O
N  M  O  L  E  C  U  O  J  E  O  S  I  B  Z  G
U  I  N  O  C  O  O  Ţ  G  H  L  S  N  E  I  I
M  E  O  H  B  G  S  L  Ţ  I  O  N  A  Ţ  O  E
I  Ţ  M  I  A  T  D  J  O  E  E  R  T  V  L  X
H  S  I  S  U  H  M  U  W  G  G  L  O  S  O  V
C  Q  E  P  F  Y  Z  E  C  G  I  N  B  S  G  Q
M  N  E  U  R  O  L  O  G  I  E  E  E  I  I  D
Z  M  Y  Ă  C  I  M  A  N  I  D  O  M  R  E  T
O  B  M  M  E  T  E  O  R  O  L  O  G  I  E  I
```

ANATOMIE
ASTRONOMIE
BIOCHIMIE
BIOLOGIE
CHIMIE
ECOLOGIE
FIZIOLOGIE
GEOLOGIE
IMUNOLOGIE

METEOROLOGIE
MINERALOGIE
NEUROLOGIE
BOTANICĂ
PSIHOLOGIE
ROBOTICA
SOCIOLOGIE
TERMODINAMICĂ

75 - Bijvoeglijke Naamwoorden

```
S  C  O  W  L  P  P  S  E  Q  F  L  C  Ţ  X  E
O  Y  I  J  S  U  R  Ă  M  Ţ  I  L  A  Y  G  D
M  R  A  G  Ă  R  O  N  E  Â  U  W  Z  A  N  R
N  H  I  N  L  B  D  Ă  X  X  N  I  T  B  O  F
O  D  P  R  B  X  U  T  F  B  Z  D  O  P  R  F
R  R  V  T  A  V  C  O  N  V  Y  O  R  E  M  Q
O  A  M  A  T  I  T  S  S  F  N  K  C  U  A  D
S  M  S  Q  I  T  I  S  O  B  O  O  C  S  L  E
S  A  X  T  C  A  V  A  J  R  I  T  U  C  T  S
L  T  G  Z  R  E  S  P  O  N  S  A  B  I  L  C
D  I  F  Y  F  R  C  Ţ  P  S  Q  R  D  C  O  R
Y  C  O  Ţ  C  C  S  E  R  I  F  Ă  I  W  R  I
T  N  A  S  E  R  E  T  N  I  G  S  M  X  L  P
M  T  M  J  L  V  O  K  T  A  T  N  E  L  A  T
C  H  E  P  U  T  E  R  N  I  C  S  O  L  J  I
A  U  T  E  N  T  I  C  O  F  A  Ţ  V  E  U  V
```

AUTENTIC	NOU
TALENTAT	NORMAL
DESCRIPTIV	PRODUCTIV
CREATIV	SOMNOROS
DRAMATIC	PUTERNIC
SĂNĂTOS	MÂNDRU
FOAME	RESPONSABIL
INTERESANT	SĂLBATIC
OBOSIT	SĂRAT
FIRESC	PUR

76 - Kleding

```
Y  P  B  C  G  M  R  M  R  P  W  R  A  E  M  R
L  Ă  R  U  F  W  D  X  C  A  K  V  Z  T  U  K
N  L  Ă  R  O  K  T  W  E  N  W  X  M  T  J  C
B  Ă  Ț  Ț  E  T  C  S  I  Ș  T  R  Z  Ă  E  E  S
T  R  A  A  N  I  A  H  A  A  F  I  N  J  Z  J
A  I  R  J  A  J  Z  S  R  L  J  G  U  E  T  W
R  E  Ă  D  P  K  D  I  F  O  U  W  Ș  L  Q  B
V  Z  T  Ț  C  C  Y  Z  Ă  N  F  L  I  S  U  N
G  C  L  R  T  U  M  D  C  I  J  E  Y  A  J  J
Z  Q  O  R  E  V  O  L  U  P  H  X  C  N  T  P
Ă  Z  U  L  B  T  D  C  V  Ș  Ț  J  H  D  Q  I
Ș  F  D  B  I  Ș  Ă  Z  L  O  J  D  J  A  T  J
A  T  N  T  C  E  O  W  J  S  O  R  U  L  N  A
M  F  U  S  T  A  R  R  V  E  O  I  T  E  M  M
Ă  C  B  L  S  R  I  S  Ț  T  C  O  V  Z  W  A
C  R  Y  O  N  T  W  B  Ț  E  I  H  C  O  R  S
```

BRĂȚARĂ	PIJAMA
BLUZĂ	CUREA
PANTALONI	FUSTA
MĂNUȘI	SANDALE
PĂLĂRIE	PANTOF
HAINA	ȘORȚ
SACOU	CĂMAȘĂ
ROCHIE	EȘARFĂ
COLIER	ȘOSETE
MODĂ	PULOVER

77 - Vliegtuigen

```
D C F U X P X K U T G C D J X D
C O M B U S T I B I L E D O M I
O R C U J U E G I A K Ț B C D R
G Y Ă R U T N E V A G I V A N E
W Y Ț Q L N L K J G V E V F H C
C O N S T R U C Ț I E C E R F Ț
A W E Z L E O B C P P H P F J I
T O L I P A R T Ț R I Y W Z J E
E C U Î C L L I O E C H I P A J
R O B N M X V Ț E M P B W E D E
I B R Ă P A S A G E R A E K Q D
Z O U L H N J F A B K L H E C V
A R T Ț M N Ă R E F S O M T A M
R Â U I V X C G O G Ț N Ț U T J
E R N M H I D R O G E N S T E B
S E V E R V I S T O R I E R W G
```

COBORÂRE
ATMOSFERĂ
AVENTURĂ
BALON
ECHIPAJ
CONSTRUCȚIE
COMBUSTIBIL
ISTORIE
CER
ÎNĂLȚIME

ATERIZARE
AER
MOTOR
NAVIGA
MODEL
PASAGER
PILOT
DIRECȚIE
TURBULENȚĂ
HIDROGEN

78 - Herbalisme

```
B F L O A R E T A T I L A C T W
B S U H N A R I H G A M T K A D
S K I Q J N L U C I N E F J R A
P Q U A S I Y S A O Ţ N D O H R
Ş P M L V L F T O R Ţ B W F O O
C O I U S U B U K Ţ O F Y D N M
C N F U F C P R R A B M H U N Ă
L A F R S N Ă O R Ă D N A V A L
D G V B A Ă T I C O I G C T Ţ S
Ţ E P M P N R Y G P Z V E R D E
P R J I Y I U G C Z V M A X K S
P O H C H D N Y Q M W S A E M U
S K O O H Ă J Y G Ă L H R R O F
R S K D P R E L X R I U R V I L
C P T B K G L P H A B T Y X L N
P H M T N E I D E R G N I Ţ Y U
```

AROMAT
BUSUIOC
FLOARE
CULINAR
MĂRAR
TARHON
VERDE
INGREDIENT
USTUROI
CALITATE

LAVANDĂ
MAGHIRAN
OREGANO
PĂTRUNJEL
ROZMARIN
ŞOFRAN
AROMĂ
CIMBRU
GRĂDINĂ
FENICUL

79 - Kracht en Zwaartekracht

```
P  R  O  P  R  I  E  T  Ă  Ț  I  P  U  U  O  M
Ț  O  P  C  W  D  M  A  G  N  E  T  I  S  M  I
C  W  Ț  T  Z  Ț  I  H  Z  K  R  T  Y  M  R  Ș
L  M  Q  C  A  X  E  S  M  L  Q  X  F  F  Z  C
Z  A  Z  C  Y  F  N  Z  T  W  O  E  K  W  D  A
K  F  R  Z  W  M  U  E  R  A  C  E  R  F  A  R
Ă  T  I  B  R  O  I  A  H  G  N  K  J  P  A  E
P  Z  Z  U  A  T  S  U  A  V  C  Ț  Z  E  X  N
P  R  E  S  I  U  N  E  M  P  I  S  Ă  C  Ă  F
C  R  T  T  E  T  A  T  U  E  R  G  A  I  A  I
E  C  E  C  I  J  P  M  I  T  C  A  P  M  I  Z
N  Y  N  O  E  V  X  E  X  U  B  A  Z  A  Q  I
T  F  A  H  J  J  E  U  A  J  J  T  N  N  D  C
R  Q  L  A  S  R  E  V  I  N  U  N  Ț  I  W  Ă
U  V  P  R  Z  T  S  B  X  N  Ț  D  Z  D  C  U
D  E  S  C  O  P  E  R  I  R  E  I  E  Y  G  A
```

DISTANȚĂ	MAGNETISM
AXĂ	MECANICA
ORBITĂ	FIZICĂ
MIȘCARE	DESCOPERIRE
CENTRU	PLANETE
PRESIUNE	VITEZĂ
DINAMIC	TIMP
PROPRIETĂȚI	EXPANSIUNE
GREUTATE	UNIVERSAL
IMPACT	FRECARE

80 - Het Bedrijf

```
C R E A T I V I Ț Ă T I N U D P
M C U A V B Ţ N A F A C E R I R
V O S L Y E E V Ţ I U P W D S O
P J A C V M V E R A J A G N A F
I R U C S I R S E R G O R P L E
J O E P V A E T A T I L A C A S
I Z G Z E I Z I C E D Q Z J R I
R R V X E F R Ț T Ţ A K A N I O
G E U I I N I I M N G E K R I N
L P P E T A T I L I B I S O P A
O R M U A P X A W D I N K T R L
B O D S T I Y M R N V L C A T E
A D X V K A A M M E Ţ T U V I C
L U H H S U T Z Z T M B V O B G
S S F J U K E I R T S U D N I D
V E N I T U R I E E W J C I I I
```

DECIZIE
CREATIV
UNITĂȚI
GLOBAL
INDUSTRIE
VENITURI
INOVATOR
INVESTIȚII
CALITATE
SALARII

POSIBILITATE
PREZENTARE
PRODUS
PROFESIONAL
REPUTATIE
RISCURI
TENDINȚE
PROGRES
ANGAJARE
AFACERI

81 - Rijden

```
O  U  V  C  J  H  P  M  W  H  E  Ț  V  B  B  C
S  J  G  I  V  T  O  U  B  E  H  X  M  G  F  Y
S  L  U  T  R  J  L  K  F  U  P  O  Y  J  C  E
I  I  B  D  W  Ț  I  T  R  A  F  I  C  D  A  R
O  B  G  P  R  Ă  T  N  O  G  X  E  V  X  M  Q
P  I  X  U  E  T  I  O  T  K  M  A  P  W  I  X
X  T  X  T  R  R  E  X  O  R  O  C  C  V  O  M
H  S  Ă  N  B  A  I  K  M  N  T  C  A  I  N  X
T  U  N  E  L  H  N  C  H  K  O  I  X  T  W  I
U  B  I  I  X  B  O  Ț  O  N  C  D  G  E  Z  K
S  M  Ș  A  Y  P  T  B  Ă  L  I  E  A  Z  A  G
K  O  A  Ă  Ț  N  E  C  I  L  C  N  R  Ă  I  Ț
Z  C  M  U  R  D  I  E  X  Z  L  T  A  A  J  I
S  T  R  A  D  Ă  P  J  C  T  E  P  J  Y  X  E
D  Ț  H  Q  V  F  R  Â  N  E  T  J  B  A  I  X
A  S  O  M  Q  C  W  W  V  I  Ă  A  O  I  C  W
```

MAȘINĂ	POLITIE
COMBUSTIBIL	FRÂNE
GARAJ	VITEZĂ
GAZ	STRADĂ
PERICOL	TUNEL
HARTĂ	SIGURANȚA
LICENȚĂ	TRAFIC
MOTOR	PIETON
MOTOCICLETĂ	CAMION
ACCIDENT	DRUM

82 - Wetenschap

```
A  S  F  O  S  I  L  G  U  W  V  C  I  E  N  N
F  G  R  A  V  I  T  A  Ț  I  E  Ț  R  X  A  S
F  A  Z  Ț  L  X  Y  Y  B  F  X  J  I  P  T  L
M  Z  P  O  S  Ț  D  F  E  O  S  Y  R  E  U  A
Ă  Z  E  T  O  P  I  I  M  R  Z  A  F  R  R  B
P  S  T  I  I  M  P  Y  P  B  O  T  V  I  Ă  O
P  Q  M  E  P  O  O  M  Y  E  E  V  E  M  C  R
O  E  L  U  C  E  L  O  M  Q  L  V  V  E  I  A
A  R  Ț  D  S  S  C  L  I  M  A  T  O  N  Z  T
T  A  G  U  T  B  W  D  C  A  R  T  L  T  I  O
O  V  O  A  M  E  T  O  D  Ă  E  N  U  E  F  R
M  R  C  V  N  A  L  D  G  O  N  D  Ț  K  C  T
V  E  L  U  C  I  T  R  A  P  I  D  I  D  D  N
K  S  D  A  T  E  S  E  Q  R  M  Y  E  N  H  E
S  B  D  E  H  C  I  M  I  H  C  K  E  T  F  P
G  O  O  M  D  E  Ș  T  I  I  N  Ț  Ă  V  B  V
```

ATOM
CHIMIC
PARTICULE
EVOLUȚIE
EXPERIMENT
FAPT
FOSIL
DATE
IPOTEZĂ
CLIMAT

LABORATOR
METODĂ
MINERALE
MOLECULE
NATURĂ
FIZICĂ
OBSERVARE
ORGANISM
OM DE ȘTIINȚĂ
GRAVITAȚIE

83 - Natuurkunde

```
V H P A C C E L E R A R E H M M
W K M A C I N A C E M Y M A A X
R Q X X R O T O M N Z I A O G E
I E I Ț A T I V A R G J S S N L
W E E T A T I S N E D C Ă D E E
T V P N W T O C J S Q H S U T C
M O L E C U L Ă U D N I Ț H I T
F T D M A O C T W L H M C Ă S R
O J I I M K X F G N Ă I W Ț M O
R V W R Z A S M K N F C N N Y N
M I Ț E T A T I V I T A L E R S
U T N P U U K C B A S R I V G I
L E G X E U Q N L X T M V C I D
Ă Z G E V H O M I P R O X E V K
O Ă A U N I V E R S A L M R E Z
H A Z G A Ț K Ț L O B N Y F W W
```

ATOM
HAOS
CHIMIC
PARTICULĂ
DENSITATE
ELECTRON
EXPERIMENT
FORMULĂ
FRECVENȚĂ
GAZ

MAGNETISM
MASĂ
MECANICA
MOLECULĂ
MOTOR
RELATIVITATE
VITEZĂ
UNIVERSAL
ACCELERARE
GRAVITAȚIE

84 - Muziekinstrumenten

```
X  A  C  T  K  W  I  G  G  V  H  M  F  J  P  Ț
Ț  A  X  E  Ț  Y  N  O  R  C  A  A  O  E  E  A
Y  H  I  F  I  J  B  N  A  S  R  N  J  J  R  J
Ț  K  W  F  G  L  A  G  N  T  P  D  M  L  C  G
K  T  M  U  Z  I  C  U  Ț  Ă  Ă  O  D  J  U  B
J  A  M  U  E  V  Y  A  P  N  F  L  I  Y  Ț  U
M  M  B  C  S  G  I  O  B  O  A  I  G  S  I  M
G  B  W  Y  L  F  A  O  U  B  G  N  J  T  E  Ț
Q  U  L  V  H  H  L  F  L  M  O  Ă  A  E  W  N
S  R  M  I  N  Z  Y  A  B  O  T  B  A  N  J  O
Ț  I  T  O  B  Ă  Y  K  U  R  N  R  R  I  M  F
L  N  C  H  I  T  A  R  Ă  T  Ț  C  P  R  Ț  O
B  Ă  A  M  A  R  I  M  B  A  T  J  E  A  H  X
Q  E  W  I  T  R  O  M  P  E  T  Ă  F  L  Q  A
T  F  Q  C  P  V  I  O  A  R  Ă  B  O  C  L  S
T  W  T  E  V  J  S  G  W  X  I  A  I  B  G  Z
```

BANJO
VIOLONCEL
FAGOT
FLAUT
CHITARĂ
GONG
HARPĂ
OBOI
CLARINET
MANDOLINĂ

MARIMBA
MUZICUȚĂ
PERCUȚIE
PIAN
SAXOFON
TAMBURINĂ
TROMBON
TOBĂ
TROMPETĂ
VIOARĂ

85 - Ethiek

```
E  R  A  D  B  Ă  R  X  S  Y  K  N  W  S  K  L
R  E  T  A  T  I  N  A  M  U  G  G  Y  H  C  T
E  Z  C  O  C  A  G  F  I  L  O  Z  O  F  I  E
S  O  B  O  P  M  L  R  U  S  K  O  Y  R  T  T
P  N  U  W  O  T  I  T  Z  R  E  G  Q  O  A  A
E  A  N  K  V  P  I  Z  R  Y  Z  R  M  N  M  T
C  B  Ă  R  M  J  E  M  N  U  F  T  Q  E  O  I
T  I  T  N  S  K  M  R  I  G  I  J  L  S  L  R
U  L  A  V  I  V  V  F  A  S  D  S  K  T  P  G
O  V  T  M  I  Z  M  R  D  R  M  F  M  I  I  E
S  C  E  M  G  Ă  Ț  N  A  R  E  L  O  T  D  T
W  A  E  T  A  T  I  L  A  N  O  I  Ț  A  R  N
C  O  M  P  A  S  I  U  N  E  W  V  Q  T  O  I
R  E  A  L  I  S  M  V  A  L  O  R  I  E  Ț  X
D  E  M  N  I  T  A  T  E  U  B  L  Y  I  Ț  H
G  Z  I  N  D  I  V  I  D  U  A  L  I  S  M  A
```

ALTRUISM
DIPLOMATIC
RESPECTUOS
ONESTITATE
FILOZOFIE
RĂBDARE
INDIVIDUALISM
INTEGRITATE
COMPASIUNE
UMANITATE

OPTIMISM
RAȚIONALITATE
REALISM
REZONABIL
COOPERARE
TOLERANȚĂ
BUNĂTATE
VALORI
DEMNITATE

86 - Antiek

```
N E O B I Ș N U I T Y Y I N N V
Q N E I Ț A T I C I L O N K C A
Z K N C O H S G R Q C O V T P L
P R E Ț C Ț A C B V Ț F E I S O
R C V E C H I O W J X E S G L A
G W I R B E Z L A P T V T R B R
Ă K T A B L U E S Q Y E I K V E
R T A R S E T C J T H U Ț B X U
K H R U C G N T R E I L I B O M
O G O A U A E O Y I N L I J Y O
M A C T L N X R L R C K O C A Q
O F E S P T P J W E C V B C V V
N Y D E T I E R K L Q L O X E M
E Z X R U G T E T A T I L A C S
D I T C R Q T L Y G P G J Ț X R
E E U Ț Ă A U T E N T I C L K V
```

AUTENTIC
SCULPTURĂ
DECORATIV
SECOL
ELEGANT
GALERIE
INVESTIȚII
ARTĂ
CALITATE
ENTUZIAST

MOBILIER
MONEDE
NEOBIȘNUIT
VECHI
PREȚ
RESTAURARE
STIL
LICITAȚIE
COLECTOR
VALOARE

87 - Activiteiten en Vrije Ti

```
B W E T Y R A K E S S R I N R A
K G N I F R U S B F V M Q T L P
D E S R U C Z P N A R U T C I P
T I R Ă N I D Ă R G S M N Z A V
G R L D F Y P A E V N E D N R T
X O B N O T E N I S I I B O T R
R T L U T O N Î Z O I H P A Ă N
E Ă F F B V O L E I Ţ C K M L Ţ
L L Z U A B A S C H E T L G A L
A Ă Q C L O R K B T M I T Z F C
X C K S X N X N C R U U Y Z E Y
A I G F K F B R L P R C N U A J
N P Ţ F L P J G E G D S K D Q M
T A W L B C V S X E O E Ţ S E W
Z S D G S X H S D G X P O V Y B
H D E Q D L U W L P M J X C P Y
```

BASCHET
BOX
SCUFUNDĂRI
GOLF
PESCUIT
BASEBALL
CAMPING
ARTĂ
RELAXANT
CURSE

CĂLĂTORIE
PICTURA
SURFING
TENIS
GRĂDINĂRIT
FOTBAL
VOLEI
DRUMEȚII
ÎNOT

88 - Water

```
N Q F M C A C O O R N Z K Y B U
S K G H H P E D C A L H W A Z M
V T U N W B A U E W T Ț F J C I
G H E A Ț Ă B Ș A O K O K Z Y D
C F I G E Ț T N E R U C Ă N I
A Q E A H E U Ț K J W B J P K T
Q L L R G V X N X H W W Q A Y A
F E Ț U N A F N Q K G O H D E T
I W Z H Î P G H E I Z E R Ă O E
P M W V O O U T F R W W P T X Q
N L R K R R V M A J A M U S O N
E O O O T A P C W T Z G A B U R
S B C A I R U L A V S E I O Â W
H R U O I E J K F N A Y I R R U
M U N Z H E D E M U A D H A I C
R O I N U N D A Ț I I L D I I O
```

DUȘ
GHEIZER
VALURI
GHEAȚĂ
IRIGARE
CANAL
LAC
MUSON
OCEAN
URAGAN

INUNDAȚII
PLOAIE
RÂU
ZĂPADĂ
ABUR
CURENT
EVAPORARE
UMEDE
UMIDITATE
ÎNGHEȚ

89 - Schaken

```
A D V E R S A R B D Y X P W B I
G X J J P P M I T F I V R A Q V
C O J D N U S A C R I F I C I U
G A M L G N S C K T R M P V J I
Q F M Z M C R O M D Ă F Ă I W Y
I Ă S P A T L N B S C B L A X L
F N L X I E V C G T O P A S I V
T I T L V O K U D R V Z N A T S
R G W E I X N R D A O U O I L F
F E H J L V G S U T R I G N Ţ M
G R L L U I J H W E P R A L O I
T D X Z E C G B C G S E I U J K
Ţ V G D N C Ă E K I C G D G V Z
R E G E R V A T N E O U R G E N
L S F D U Ţ Ţ V O T V L V Ţ P C
I Q W I T I Ţ W L R U I A T W I
```

DIAGONALĂ
CAMPION
REGE
REGINĂ
SACRIFICIU
PASIV
PUNCTE
REGULI
INTELIGENT
JOC

JUCĂTOR
STRATEGIE
ADVERSAR
TIMP
TURNEU
PROVOCĂRI
CONCURS
ALB
NEGRU

90 - Boerderij #1

```
G  L  J  F  C  F  T  X  D  K  V  K  S  D  A  O
D  C  R  G  Y  Y  Z  K  K  Ă  N  I  B  L  A  R
J  S  N  W  Y  Ţ  Ţ  T  W  R  Â  P  Ţ  K  S  E
N  Z  T  P  S  N  V  M  C  U  F  W  K  E  P  Z
G  O  P  M  Â  C  I  Ţ  B  V  D  F  A  Ţ  L  V
Ă  R  U  T  L  U  C  I  R  G  A  X  F  N  A  M
P  Ţ  I  V  A  C  Ă  L  H  K  I  V  I  I  C  Q
A  Z  B  M  O  C  R  N  U  X  F  P  C  M  S  T
N  C  O  S  P  W  A  T  X  I  R  I  Â  E  D  Y
N  J  G  O  M  U  O  P  O  D  A  S  I  S  I  N
Y  H  N  B  Q  Ţ  I  D  R  A  G  I  N  N  N  X
F  W  S  T  U  B  C  F  G  Ă  Ă  C  E  N  H  Y
R  C  F  T  U  T  K  W  T  W  M  Ă  V  M  R  H
M  I  E  R  E  S  P  M  Ţ  G  I  R  H  U  G  X
Y  H  D  K  Q  O  C  M  B  N  Q  X  U  T  M  E
Î  N  G  R  Ă  Ş  Ă  M  Â  N  T  Y  Q  T  N  M
```

ALBINĂ	VACĂ
MĂGAR	CIOARĂ
CAPRĂ	TURMĂ
GARD	AGRICULTURĂ
CÂINE	ÎNGRĂŞĂMÂNT
MIERE	CAL
FÂN	OREZ
VIŢEL	CÂMP
PISICĂ	APĂ
PUI	SEMINŢE

91 - Huis

```
N W P G U R L U R H O C X K Z C
B C E A K Y I M O O G U T Q A O
Ă N J R Q V G S Y C L S U H H V
D U Ș A T B C R O T I M R O D O
R M T J M Q U T V A N A V A T R
A W U Ș Ă P A C R O D D I R E Z
S U B S O L E J Ă V Ă R U T Ă M
N D G P K U C R L T Z P T F I B
A R I X C A A D E G Ă S W H W N
M J O L K R M U Ț T H R Ț B N X
X N B L E D E Y T G E Ț I G A D
Z C R Z Ș I R E P O C A Ă E R C
E B G W R Ț Ă A A Y Ț B P H G H
M O B I L I E R G X H W M P F Y
Z P I Z G R Ă D I N Ă V A T R Ă
B B I B L I O T E C Ă D L V J V
```

MĂTURĂ	BUCĂTĂRIE
BIBLIOTECĂ	LAMPĂ
ACOPERIȘ	MOBILIER
UȘĂ	PERETE
DUȘ	TAVAN
GARAJ	DORMITOR
VATRĂ	OGLINDĂ
GARD	COVOR
CAMERĂ	GRĂDINĂ
SUBSOL	MANSARDĂ

92 - Geometrie

```
D  I  A  M  E  T  R  U  X  I  S  O  U  N  Z  P
I  O  Î  N  R  Z  Ţ  Ţ  X  G  B  Ţ  N  B  K  X
H  R  N  J  G  U  H  P  M  Z  E  M  L  E  M  F
V  I  Ă  N  T  Ă  Ţ  A  F  A  R  P  U  S  V  Ţ
P  Z  L  P  H  B  S  R  O  B  T  C  C  W  K  V
O  O  Ţ  E  N  R  S  A  D  I  A  L  W  E  A
J  N  I  S  O  U  K  L  M  T  V  S  A  V  Z  T
D  T  M  P  D  C  A  E  I  Ţ  A  U  C  E  S  E
U  A  E  C  G  T  V  L  V  U  N  Ă  U  V  I  O
N  L  Ţ  D  I  M  E  N  S  I  U  N  E  E  M  R
G  Ă  S  E  G  M  E  N  T  C  I  A  W  R  E  I
H  T  R  I  U  N  G  H  I  Q  Z  I  X  T  T  E
I  J  V  W  C  E  R  C  T  Q  Y  D  X  I  R  H
L  O  G  I  C  Ă  M  F  J  K  O  E  H  C  I  V
Z  P  Z  N  D  I  C  Y  V  J  K  M  L  A  E  B
P  E  R  P  E  N  D  I  C  U  L  A  R  L  U  U
```

CALCUL	PERPENDICULAR
CERC	MASĂ
CURBĂ	MEDIANĂ
DIAMETRU	SUPRAFAŢĂ
DIMENSIUNE	PARALEL
TRIUNGHI	SEGMENT
UNGHI	SIMETRIE
ÎNĂLŢIME	TEORIE
ORIZONTALĂ	ECUAŢIE
LOGICĂ	VERTICAL

93 - Jazz

```
I  Q  W  Ă  C  I  Z  U  M  Y  Q  O  L  A  C  R
E  I  Ţ  I  Z  O  P  M  O  C  A  R  C  P  O  S
G  X  O  W  Q  S  N  Ă  P  F  L  C  Â  L  M  F
C  E  L  E  B  R  U  C  Y  A  B  H  N  A  P  A
C  R  R  H  W  A  Ţ  I  E  U  U  E  T  U  O  V
C  T  V  E  S  T  Q  N  C  R  M  S  E  Z  Z  O
R  Ţ  Z  E  Z  N  I  H  A  X  T  T  C  E  I  R
I  N  O  U  C  Z  Y  E  V  U  S  R  T  N  T  I
T  P  B  L  O  H  Ţ  T  K  Q  I  Ă  B  I  O  T
M  G  Q  W  W  S  I  O  P  S  T  I  L  N  R  E
Y  B  B  Q  T  X  J  R  Z  W  R  N  P  F  O  L
O  K  J  V  A  C  C  E  N  T  A  U  E  G  E  N
I  M  P  R  O  V  I  Z  A  Ţ  I  E  S  L  B  B
E  W  U  Z  G  X  G  I  J  E  U  S  G  X  A  D
R  E  Ţ  T  V  V  Q  F  Q  J  Z  R  C  D  N  T
I  H  F  V  D  F  J  G  R  X  C  O  U  C  M  T
```

ALBUM	MUZICĂ
APLAUZE	ACCENT
ARTIST	NOU
CELEBRU	ORCHESTRĂ
COMPOZITOR	VECHI
CONCERT	RITM
FAVORITE	COMPOZIŢIE
GEN	STIL
IMPROVIZAŢIE	TALENT
CÂNTEC	TEHNICĂ

94 - Getallen

```
P A T R U M W B Ș N Ș M A T P C
T R P G N Ș U K A Q A I U Y A I
O R O X U I A N S U I A D T I N
P Ș E P S D Q P E G S I H E S C
T A C I B D L L T W P R E C P I
S P E Q S A U B I E R T C E R Z
P T Z X S P Q Z Ț D E C E Z E T
R E E Z J K R T D O Z K Z E Z G
E S R O E E Z E V I E F E R E I
Z P P Y P R F W Z C C L R P C F
E R S W N N O V C E E K P S E X
C E Ă U O N Z B F Z C M S I Q I
E Z U J B G R U C Ă N E I C Z T
A E O R M M M Ț O U G C O N H Ț
M C N Z J H R Ț V O F E D I Z Ț
W E H C V D S Ț M D Q P W C K P
```

OPT	DOI
OPTSPREZECE	DOUĂZECI
TREISPREZECE	PAISPREZECE
TREI	PATRU
UNU	CINCI
NOUĂ	CINCISPREZECE
NOUĂSPREZECE	ȘASE
ZERO	ȘAISPREZECE
ZECE	ȘAPTE
DOISPREZECE	ȘAPTESPREZECE

95 - Boerderij #2

```
G Ţ L L T H C C O Z I W I R A L
F O H P I J B F K T B F M L N I
L A P T E V V H Z R O E F E I N
E T L M B H Z E O A G R Â U M V
I C O A I E X J P C P W K T A J
M U G D A Ţ Z H V T P O Z Q L U
I R I G A R E A J O D Ă R Q E R
O F G X D V P M T R N V S U S U
N C S V V I R B M Z A B H T M G
V H S I E Ţ P A L I V A D Ă O B
E M P P E G L R R X Y Y L Ţ A R
E E T N Â V E D Ă R A O M A Q L
J B L U N C Ă T F O Y A P R Z K
X X W L B F M I A S T U P E C Q
M V C Ţ K X A G O L U I W U L R
J P Y D N D L F E R M I E R E Q
```

STUP	MIEL
FERMIER	LAMĂ
LIVADĂ	PORUMB
ANIMALE	LAPTE
RAŢĂ	OAIE
FRUCT	HAMBAR
ORZ	GRÂU
VEGETAL	TRACTOR
PĂSTOR	LUNCĂ
IRIGARE	MOARĂ DE VÂNT

96 - Psychologie

```
E E S T C E C Y W X I I I X K P
C M P R I U V O G E Y P S U B E
O O Ţ W N I N A P I F K X K H R
M Ţ Y L I N Y O L I S J O E S S
P I S V L C Z L A U L W P Ţ H O
O I I I C O U W U Ş A Ă I N K N
R R F S Z N S O V E T R R E Ă A
T U Z E C Ş G D J L N E E I M L
A D K E K T J N B E G Ţ R R E I
M N X T C I L F N O C N Ţ E L T
E Â T B J E I Ţ A Z N E S P B A
N G I Y X N J V M X Ţ U M X O T
T T N A B T E T A T I L A E R E
P E R C E P Ţ I E N H F S V P A
P R O G R A M A R E V N A B R L
T E R A P I E E K B H I K O K Y
```

PROGRAMARE
EVALUARE
INCONŞTIENT
CUNOAŞTERE
CONFLICT
VISE
EGO
EMOŢII
EXPERIENŢE
GÂNDURI

COMPORTAMENT
SENZAŢIE
INFLUENŢE
COPILĂRIE
CLINIC
PERCEPŢIE
PERSONALITATE
PROBLEMĂ
REALITATE
TERAPIE

97 - Zakelijk

```
U Ă C I R B A F Ţ M E G F P Ţ I
Ă T U L A V W N J W R F Y U O N
R S O H M V E P G T V R X M K V
E X A T I F O R P A U W S P Y E
I C R Ţ I H J W N F J F I N Ţ S
R K O S E N S Z R V V A O M T T
A O V N A W Q A W J Â J T M R I
C S I R O T A J A G N A S A A Ţ
Ţ U J U F M A Y K S Z S O G N I
B U G E T V I X N S A M C A Z I
A I R U T I N E V O R Q P Z A I
B I P V N W X O A N E F V I C O
Y A F I N A N Ţ A X C C F N Ţ K
H F N R E D U C E R E J M C I Z
U R Z I S F B I R O U W R L E P
C O M P A N I E G A O M M D K D
```

COMPANIE	BIROU
BUGET	REDUCERE
TAXE	COST
CARIERĂ	TRANZACŢIE
ECONOMIE	VALUTĂ
FABRICĂ	VÂNZARE
FINANŢA	ANGAJATOR
BANI	ANGAJAT
VENITURI	MAGAZIN
INVESTIŢII	PROFIT

98 - Voeding

```
C F O A Y R L A R C H W M Y U K
C A A X V S R V P A A H C W Z M
G M L F D H T G F E D I C U L G
L R E I D K E C S O T Ă N Ă S T
I B E Ă T E I D O Q A I P N S O
C J B U Z A Y H S P R N T I Ă X
H W H F T M T Z B O B M X M N I
I I R O L A C E R Ţ I V H A Ă N
D I J D X C T E Ţ J L A P T T Ă
E Ţ Q D Z E X E D V I R R I A A
G V D I G E S T I E H O O V T M
C O M E S T I B I L C M T K E A
F E R M E N T A Ţ I E Ă E Q Q R
F B T N U T R I E N T Ţ I B C L
M V H V S I I A V W X O N U X I
Ţ M S S Ţ I C U M Q E Ţ E D Ţ G
```

AMAR
CALORII
DIETĂ
COMESTIBIL
APETIT
PROTEINE
ECHILIBRAT
FERMENTAŢIE
GREUTATE
SĂNĂTOS

SĂNĂTATE
GLUCIDE
CALITATE
SOS
AROMĂ
DIGESTIE
TOXINĂ
VITAMINĂ
LICHIDE
NUTRIENT

99 - Chemie

```
H  G  M  K  T  G  T  C  G  O  U  C  C  V  U  C
I  M  A  X  F  E  M  Y  H  N  M  Ă  P  Q  F  I
D  O  Y  Z  M  G  M  I  H  W  J  L  J  K  W  N
R  L  U  Y  C  H  N  P  S  Q  Y  D  U  R  R  A
O  E  A  L  S  V  O  K  E  H  H  U  S  D  D  G
G  C  E  I  X  A  B  S  M  R  R  R  C  L  O  R
E  U  B  N  O  I  R  A  Q  O  A  Ă  M  G  A  O
N  L  K  O  I  V  A  E  E  T  A  T  U  E  R  G
E  Ă  W  R  K  L  C  U  G  A  Ţ  S  U  Y  Ţ  O
G  M  E  T  A  L  E  B  E  Z  A  T  U  R  N  W
I  I  S  C  T  D  I  H  C  I  L  C  Z  Ţ  A  F
X  Z  G  E  E  R  Ţ  K  K  L  C  V  C  G  I  D
O  N  W  L  K  K  E  C  T  A  A  O  F  P  K  K
L  E  E  E  J  O  L  P  Ţ  T  L  Q  Y  U  N  N
R  E  A  C  Ţ  I  E  J  H  A  I  C  D  W  L  B
A  C  I  D  Y  E  J  Z  T  C  N  S  U  X  U  W
```

ALCALIN	MOLECULĂ
CLOR	ORGANIC
ELECTRON	REACŢIE
ENZIMĂ	TEMPERATURA
GAZ	LICHID
GREUTATE	CĂLDURĂ
ION	HIDROGEN
CATALIZATOR	SARE
CARBON	ACID
METALE	OXIGEN

1 - Metingen

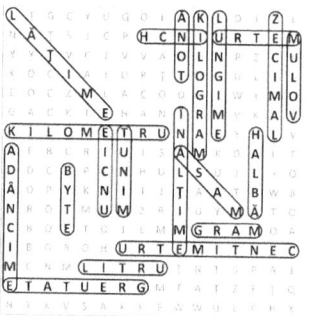

2 - Opwarming van de Aarde

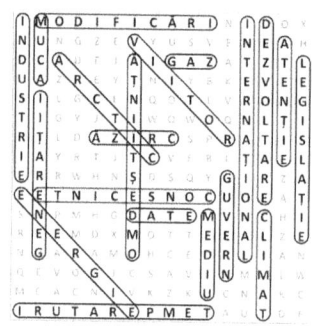

3 - Keuken

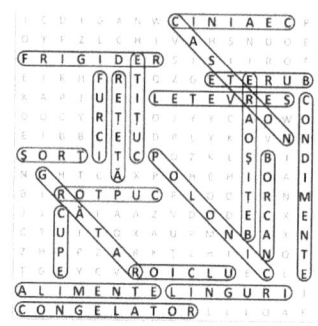

4 - Boten

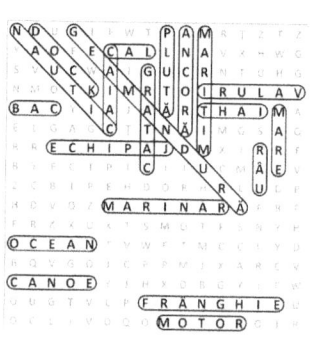

5 - Chocolade

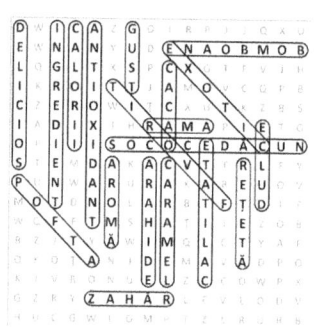

6 - Gezondheid en Welzijn #2

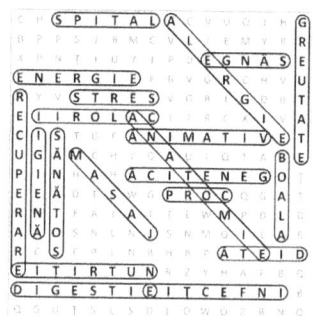

7 - Tijd

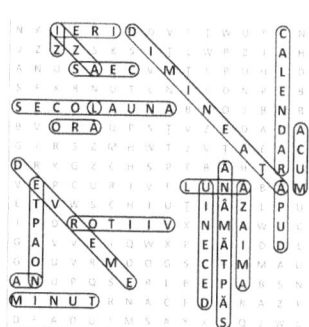

8 - Meditatie

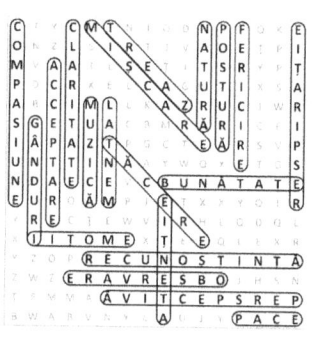

9 - Muziek

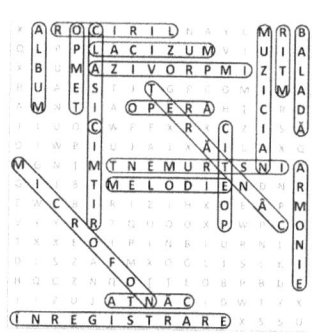

10 - Vogels

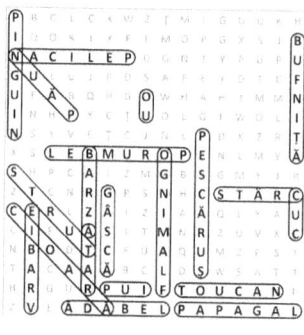

11 - Universum

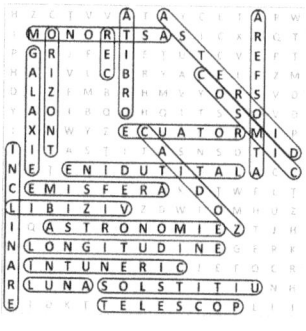

12 - Wiskunde

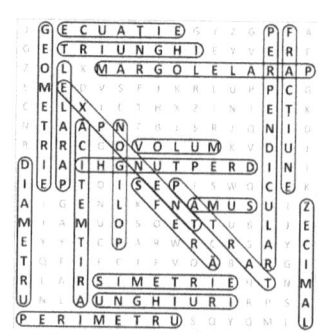

13 - Gezondheid en Welzijn #1

ROTCOD · ARUTCARF · MEDICINA · RELAXARE · POSTURA · MUSCHIVREN · TRATAMENT

14 - Camping

CAPOC · FOC · EIHGNARF · EIRALAP · ANUL · CORT · HAMAC · INSECTA · MUNTE · LACOT · AVENTURA · FELINAR · VANATOARE

15 - Algebra

LINIAR · EITULOS · ROTCAF · INFINIT · AMARGAID · AZETNARAP · PROBLEMA · MATRICE

16 - Activiteiten

PICTURA · CERAMICA · ACTIVITATE · MESTESUGURIT

17 - Vormen

NUTOR · PATRAT · AREFS · MARGIN · COLT · OVAL · URDNILIC · CURBA · PRISMA

18 - Diplomatie

ERAREPOO · CONSILIER · DREPTATE · UMANITAR

19 - Astronomie

RECHINOCTIU · AETSREVINU · ASTRONAUT · METEOR · SATELIT · PLANETA · MONORTSA · GRAVITATIE

20 - Emoties

AZIR · PRUS · ETETSIRT · PACE · TATI · CXE · RICA · LINISTE · DRAGOSTE · SIMPATIE · CONTINUT

21 - Vakantie #2

ERAM · IXAT · VIZA · STRAINI · VACANTA · TRANSPORT · CAMPING · DESTINATIE · INSULA · JALP · TREN · PASAPORT

22 - Weersomstandigh

GHEATA · DEMU · TENUT · CLIMAT · ADANROT · TEMPERATURA · FURTUNA · VANT · CEATA · ATMOSFERA

23 - Eten #2

ANANAB · SUNC · PUI · ROSIE · BROCCOLI · SPARANGHEL

24 - Geologie

VULCAN · DICA · STRATA · FOSI · CUART · PLATOU · CORAL · GHEIZER · ZONA · CONTINENT

25 - Specerijen

26 - Groenten

27 - Archeologie

28 - Dans

29 - Ziekte

30 - Mythologie

31 - Eten #1

32 - Avontuur

33 - Restaurant #2

34 - De Media

35 - Bijen

36 - Wandelen

37 - Ecologie

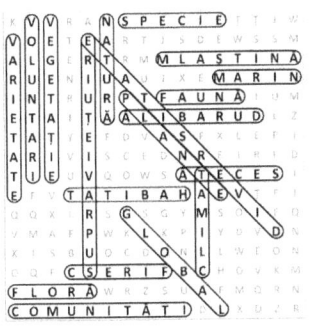

38 - Biologie

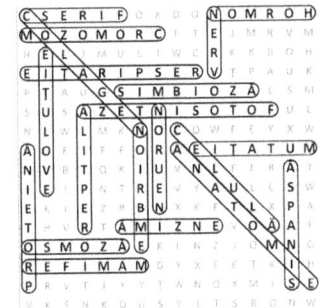

39 - Landen #1

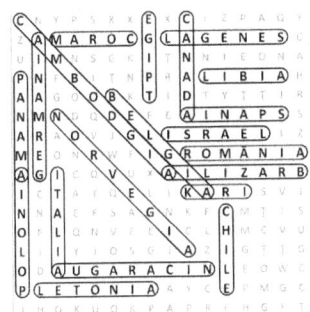

40 - Installaties

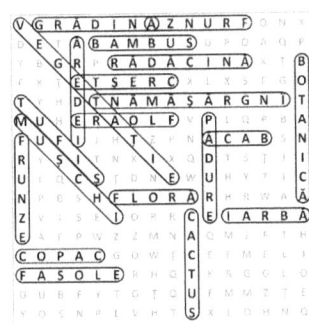

41 - Agronomie

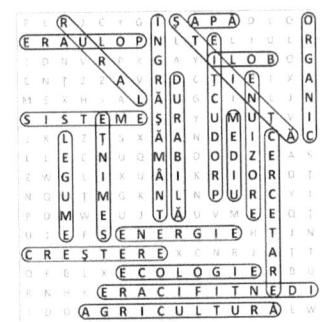

42 - Oceaan

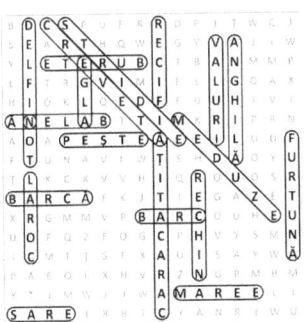

43 - Landen #2

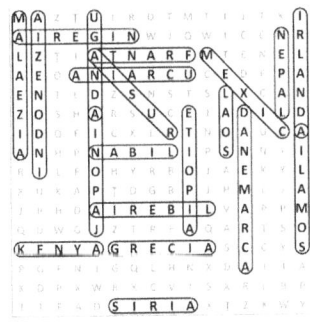

44 - Landschappen

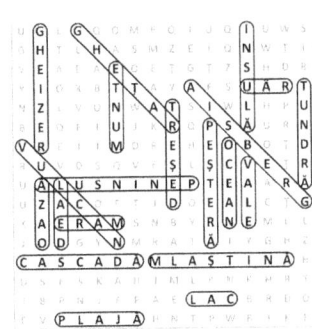

45 - Tuin

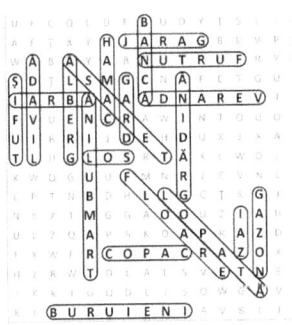

46 - Beroepen #2

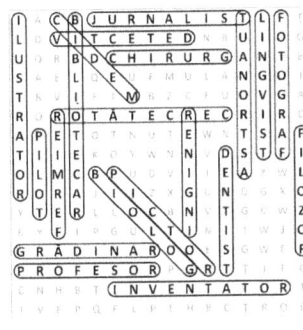

47 - Dagen en Maanden

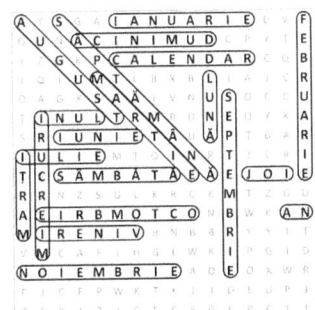

48 - Beeldende Kunsten

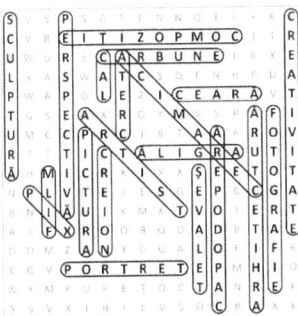

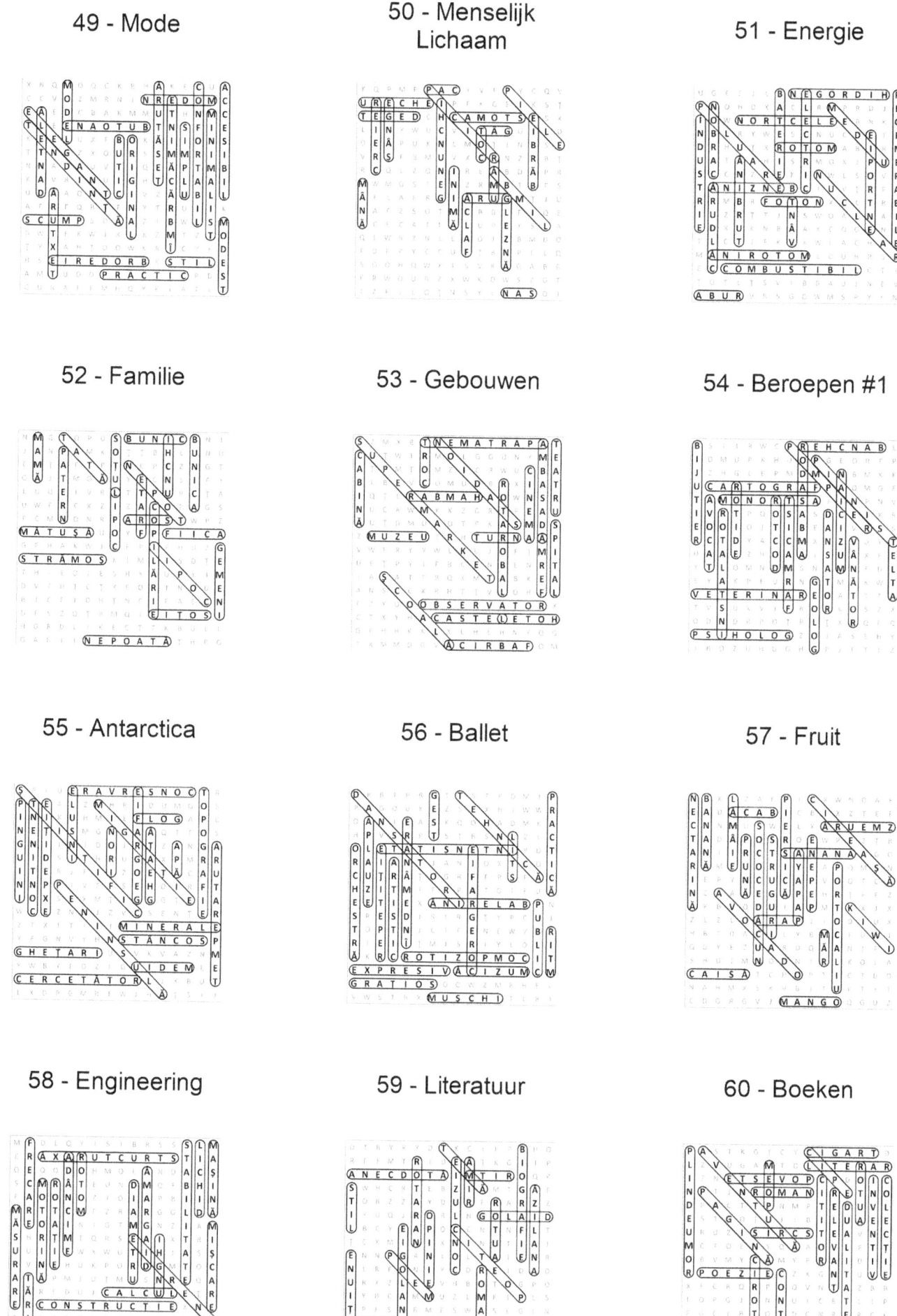

49 - Mode

50 - Menselijk Lichaam

51 - Energie

52 - Familie

53 - Gebouwen

54 - Beroepen #1

55 - Antarctica

56 - Ballet

57 - Fruit

58 - Engineering

59 - Literatuur

60 - Boeken

61 - Meer Informatie

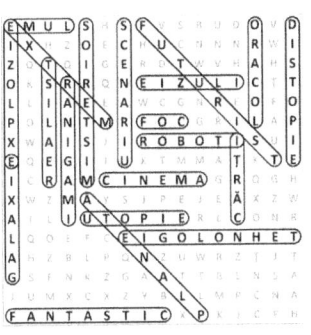

62 - Regenwoud

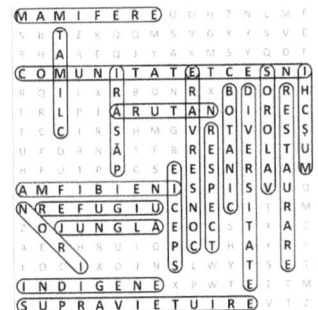

63 - Haartypes

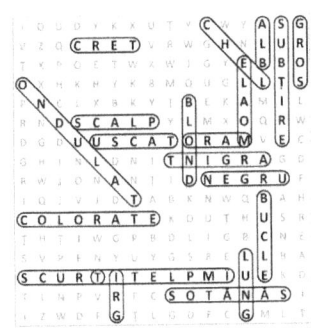

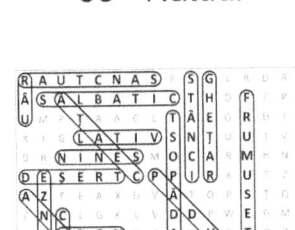

64 - Stad

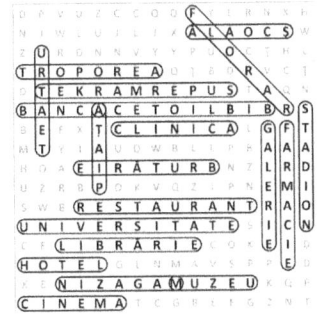

65 - Creativiteit

66 - Natuur

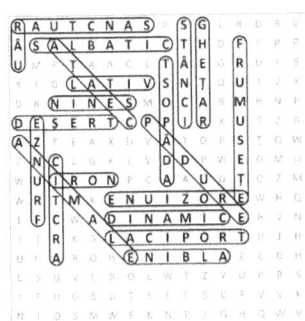

67 - Zoogdieren

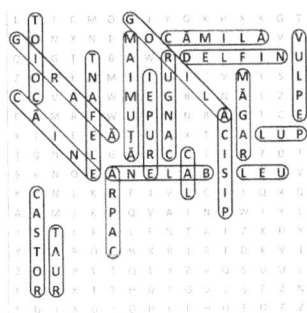

68 - Overheid

69 - Voertuigen

70 - Geografie

71 - Kunstbenodigdhe

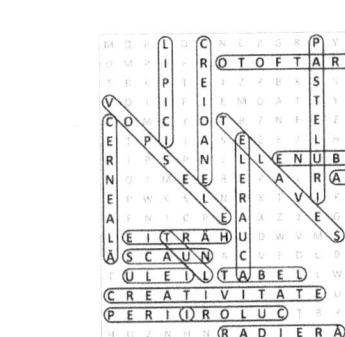

72 - Barbecues

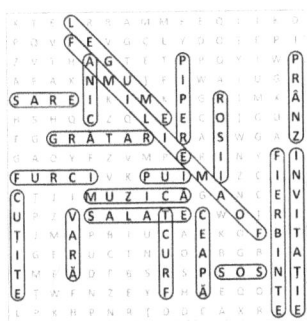

73 - Schoonheid

74 - Wetenschappelijk

75 - Bijvoeglijke Naamwoorden

76 - Kleding

77 - Vliegtuigen

78 - Herbalisme

79 - Kracht en Zwaartekracht

80 - Het Bedrijf

81 - Rijden

82 - Wetenschap

83 - Natuurkunde

84 - Muziekinstrument

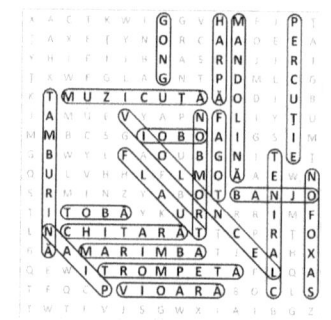

85 - Ethiek

86 - Antiek

87 - Activiteiten en Vrije Ti

88 - Water

89 - Schaken

90 - Boerderij #1

91 - Huis

92 - Geometrie

93 - Jazz

94 - Getallen

95 - Boerderij #2

96 - Psychologie

97 - Zakelijk

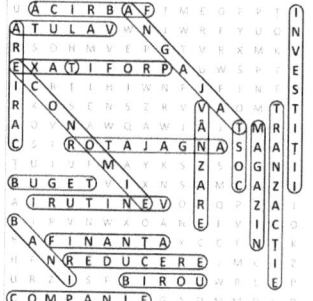

98 - Voeding

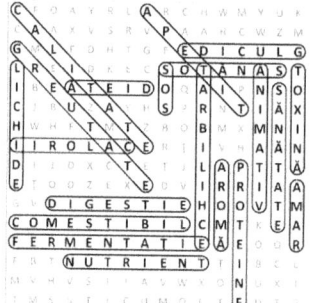

99 - Chemie

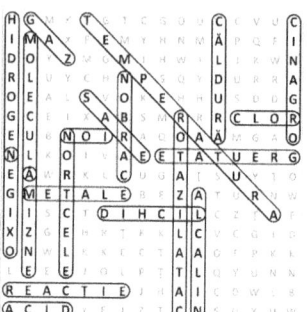

Woordenboek

Activiteiten
Activități

Activiteit	Activitate
Ambachten	Meșteșuguri
Dansen	Dans
Fotografie	Fotografie
Hengelsport	Pescuit
Jacht	Vânătoare
Kamperen	Camping
Keramiek	Ceramică
Kunst	Artă
Lezen	Lectură
Magie	Magie
Naaien	Cusut
Ontspanning	Relaxare
Plezier	Plăcere
Puzzels	Puzzle
Schilderij	Pictura
Tuinieren	Grădinărit
Vaardigheid	Îndemânare
Vrije Tijd	Timp Liber
Wandelen	Drumeții

Activiteiten en Vrije Ti
Activități și Timp Liber

Basketbal	Baschet
Boksen	Box
Duiken	Scufundări
Golf	Golf
Hengelsport	Pescuit
Honkbal	Baseball
Kamperen	Camping
Kunst	Artă
Ontspannen	Relaxant
Racen	Curse
Reis	Călătorie
Schilderij	Pictura
Surfen	Surfing
Tennis	Tenis
Tuinieren	Grădinărit
Voetbal	Fotbal
Volleybal	Volei
Wandelen	Drumeții
Zwemmen	Înot

Agronomie
Agronomie

Duurzaam	Durabilă
Ecologie	Ecologie
Energie	Energie
Erosie	Eroziune
Groei	Creștere
Groente	Legume
Identificatie	Identificare
Landbouw	Agricultură
Landelijk	Rural
Mest	Îngrășământ
Omgeving	Mediu
Onderzoek	Cercetare
Organisch	Organic
Productie	Producție
Systemen	Sisteme
Vervuiling	Poluare
Water	Apă
Wetenschap	Știință
Zaden	Semințe
Ziekten	Boli

Algebra
Algebră

Aftrekken	Scădere
Diagram	Diagramă
Exponent	Exponent
Factor	Factor
Formule	Formulă
Fractie	Fracțiune
Grafiek	Grafic
Haakje	Paranteză
Hoeveelheid	Cantitate
Lineair	Liniar
Matrix	Matrice
Nul	Zero
Oneindig	Infinit
Oplossing	Soluție
Probleem	Problemă
Som	Sumă
Vals	Fals
Variabele	Variabil
Vereenvoudigen	Simplifica
Vergelijking	Ecuație

Antarctica
Antarctica

Baai	Golf
Behoud	Conservare
Continent	Continent
Eilanden	Insule
Expeditie	Expediție
Geografie	Geografie
Gletsjers	Ghețari
Ijs	Gheață
Migratie	Migrație
Mineralen	Minerale
Omgeving	Mediu
Onderzoeker	Cercetător
Pinguïn	Pinguini
Rotsachtig	Stâncos
Schiereiland	Peninsulă
Temperatuur	Temperatura
Topografie	Topografie
Water	Apă
Wetenschappelijk	Științific
Wolken	Nori

Antiek
Antichități

Authentiek	Autentic
Beeldhouwwerk	Sculptură
Decoratief	Decorativ
Eeuw	Secol
Elegant	Elegant
Galerij	Galerie
Investering	Investiții
Kunst	Artă
Kwaliteit	Calitate
Liefhebber	Entuziast
Meubilair	Mobilier
Munten	Monede
Ongewoon	Neobișnuit
Oud	Vechi
Prijs	Preț
Restauratie	Restaurare
Stijl	Stil
Veiling	Licitație
Verzamelaar	Colector
Waarde	Valoare

Archeologie
Arheologie

Analyse	Analiză
Beschaving	Civilizaţie
Botten	Oase
Deskundige	Expert
Evaluatie	Evaluare
Fossiel	Fosil
Fragmenten	Fragmente
Graf	Mormânt
Mysterie	Mister
Nakomeling	Descendent
Objecten	Obiecte
Onbekend	Necunoscut
Onderzoeker	Cercetător
Oudheid	Antichitate
Professor	Profesor
Relikwie	Relicvă
Team	Echipă
Tempel	Templu
Tijdperk	Eră
Vergeten	Uitat

Astronomie
Astronomie

Aarde	Pământ
Asteroïde	Asteroid
Astronaut	Astronaut
Astronoom	Astronom
Equinox	Echinocţiu
Komeet	Cometă
Kosmos	Cosmos
Maan	Luna
Meteoor	Meteor
Nevel	Nebuloasă
Observatorium	Observator
Planeet	Planetă
Raket	Rachetă
Satelliet	Satelit
Ster	Stea
Sterrenbeeld	Constelaţie
Straling	Radiaţie
Telescoop	Telescop
Universum	Univers
Zwaartekracht	Gravitaţie

Avontuur
Aventuri

Activiteit	Activitate
Bestemming	Destinaţie
Enthousiasme	Entuziasm
Excursie	Excursie
Gevaarlijk	Periculos
Kans	Şansă
Moed	Curaj
Moeilijkheid	Dificultate
Natuur	Natură
Navigatie	Navigare
Nieuw	Nou
Ongewoon	Neobișnuit
Reizen	Călătorii
Schoonheid	Frumuseţe
Uitdagingen	Provocări
Veiligheid	Siguranţă
Verrassend	Surprinzător
Voorbereiding	Pregătirea
Vreugde	Bucurie
Vrienden	Prieteni

Ballet
Balet

Applaus	Aplauze
Artistiek	Artistic
Ballerina	Balerină
Choreografie	Coregrafie
Componist	Compozitor
Dansers	Dansatori
Expressief	Expresiv
Gebaar	Gest
Intensiteit	Intensitate
Muziek	Muzică
Orkest	Orchestră
Praktijk	Practică
Publiek	Public
Repetitie	Repetiţie
Ritme	Ritm
Sierlijk	Graţios
Spieren	Muşchi
Stijl	Stil
Techniek	Tehnică
Vaardigheid	Îndemânare

Barbecues
Grătare

Diner	Cina
Familie	Familie
Fruit	Fruct
Grill	Grătar
Groente	Legume
Heet	Fierbinte
Honger	Foame
Kip	Pui
Lunch	Prânz
Messen	Cuţite
Muziek	Muzică
Peper	Piper
Salades	Salate
Saus	Sos
Tomaten	Rosii
Uien	Ceapă
Uitnodiging	Invitaţie
Vorken	Furci
Zomer	Vară
Zout	Sare

Beeldende Kunsten
Arte Vizuale

Architectuur	Arhitectură
Artiest	Artist
Beeldhouwwerk	Sculptură
Creativiteit	Creativitate
Ezel	Şevalet
Film	Film
Foto	Fotografie
Houtskool	Cărbune
Keramiek	Ceramică
Klei	Argilă
Krijt	Cretă
Meesterwerk	Capodoperă
Pen	Pix
Perspectief	Perspectivă
Portret	Portret
Potlood	Creion
Samenstelling	Compoziţie
Schilderij	Pictura
Vernis	Lac
Was	Ceară

Beroepen #1
Profesiile #1

Advocaat	Avocat
Ambassadeur	Ambasador
Apotheker	Farmacist
Astronoom	Astronom
Atleet	Atlet
Bankier	Bancher
Brandweerman	Pompier
Cartograaf	Cartograf
Danser	Dansator
Dierenarts	Veterinar
Dokter	Doctor
Editor	Editor
Geoloog	Geolog
Jager	Vânător
Juwelier	Bijutier
Loodgieter	Instalator
Muzikant	Muzician
Pianist	Pianist
Psycholoog	Psiholog
Wetenschapper	Om de Știință

Beroepen #2
Profesiile #2

Arts	Medic
Astronaut	Astronaut
Bibliothecaris	Bibliotecar
Bioloog	Biolog
Boer	Fermier
Chirurg	Chirurg
Detective	Detectiv
Filosoof	Filozof
Fotograaf	Fotograf
Illustrator	Ilustrator
Ingenieur	Inginer
Journalist	Jurnalist
Leraar	Profesor
Linguïst	Lingvist
Onderzoeker	Cercetător
Piloot	Pilot
Schilder	Pictor
Tandarts	Dentist
Tuinman	Grădinar
Uitvinder	Inventator

Bijen
Albinele

Bestuiver	Polenizator
Bijenkorf	Stup
Bloemen	Flori
Diversiteit	Diversitate
Ecosysteem	Ecosistem
Fruit	Fruct
Habitat	Habitat
Honing	Miere
Insect	Insectă
Koningin	Regină
Planten	Plante
Rook	Fum
Stuifmeel	Polen
Tuin	Grădină
Vleugels	Aripi
Voedsel	Alimente
Voordelig	Benefic
Was	Ceară
Zon	Soare
Zwerm	Roi

Bijvoeglijke Naamwoorden
Adjective #1

Aantrekkelijk	Atractiv
Actief	Activ
Ambitieus	Ambiţios
Aromatisch	Aromat
Artistiek	Artistic
Belangrijk	Important
Diep	Adânc
Donker	Întuneric
Dun	Subţire
Eerlijk	Sincer
Exotisch	Exotic
Identiek	Identic
Jong	Tineri
Lang	Lung
Langzaam	Încet
Modern	Modern
Onschuldig	Nevinovat
Perfect	Perfect
Waardevol	Valoros
Zwaar	Greu

Bijvoeglijke Naamwoorden
Adjective #2

Authentiek	Autentic
Begaafd	Talentat
Beschrijvend	Descriptiv
Creatief	Creativ
Dramatisch	Dramatic
Gezond	Sănătos
Hongerig	Foame
Interessant	Interesant
Moe	Obosit
Natuurlijk	Firesc
Nieuw	Nou
Normaal	Normal
Productief	Productiv
Slaperig	Somnoros
Sterk	Puternic
Trots	Mândru
Verantwoordelijk	Responsabil
Wild	Sălbatic
Zout	Sărat
Zuiver	Pur

Biologie
Biologie

Ademhaling	Respiraţie
Anatomie	Anatomie
Cel	Celulă
Chromosoom	Cromozom
Collageen	Colagen
Eiwit	Proteină
Embryo	Embrion
Enzym	Enzimă
Evolutie	Evoluţie
Fotosynthese	Fotosinteză
Hormoon	Hormon
Mutatie	Mutaţie
Natuurlijk	Firesc
Neuron	Neuron
Osmose	Osmoză
Reptiel	Reptilă
Symbiose	Simbioză
Synaps	Sinapcă
Zenuw	Nerv
Zoogdier	Mamifer

Boeken
Cărți

Auteur	Autor
Avontuur	Aventură
Bladzijde	Pagină
Collectie	Colecție
Context	Context
Dualiteit	Dualitate
Episch	Epic
Gedicht	Poem
Geschreven	Scris
Historisch	Istoric
Humoristisch	Plin de Umor
Inventief	Inventiv
Lezer	Cititor
Literair	Literar
Poëzie	Poezie
Relevant	Relevant
Roman	Roman
Tragisch	Tragic
Verhaal	Poveste
Verteller	Narator

Boerderij #1
Ferma # 1

Bij	Albină
Ezel	Măgar
Geit	Capră
Hek	Gard
Hond	Câine
Honing	Miere
Hooi	Fân
Kalf	Vițel
Kat	Pisică
Kip	Pui
Koe	Vacă
Kraai	Cioară
Kudde	Turmă
Landbouw	Agricultură
Mest	Îngrășământ
Paard	Cal
Rijst	Orez
Veld	Câmp
Water	Apă
Zaden	Semințe

Boerderij #2
Ferma # 2

Bijenkorf	Stup
Boer	Fermier
Boomgaard	Livadă
Dieren	Animale
Eend	Rață
Fruit	Fruct
Gerst	Orz
Groente	Vegetal
Herder	Păstor
Irrigatie	Irigare
Lam	Miel
Lama	Lamă
Maïs	Porumb
Melk	Lapte
Schaap	Oaie
Schuur	Hambar
Tarwe	Grâu
Tractor	Tractor
Weide	Luncă
Windmolen	Moară de Vânt

Boten
Barci

Anker	Ancoră
Bemanning	Echipaj
Boei	Geamandură
Dok	Dock
Golven	Valuri
Jacht	Iaht
Kajak	Caiac
Kano	Canoe
Maritiem	Maritim
Mast	Catarg
Matroos	Marinar
Meer	Lac
Motor	Motor
Nautisch	Nautic
Oceaan	Ocean
Rivier	Râu
Touw	Frânghie
Veerboot	Bac
Vlot	Plută
Zee	Mare

Camping
Camping

Avontuur	Aventură
Berg	Munte
Bomen	Copaci
Bos	Pădure
Brand	Foc
Cabine	Cabină
Dieren	Animale
Hangmat	Hamac
Hoed	Pălărie
Insect	Insectă
Jacht	Vânătoare
Kaart	Hartă
Kano	Canoe
Kompas	Busolă
Lantaarn	Felinar
Maan	Luna
Meer	Lac
Natuur	Natură
Tent	Cort
Touw	Frânghie

Chemie
Chimie

Alkalisch	Alcalin
Chloor	Clor
Elektron	Electron
Enzym	Enzimă
Gas	Gaz
Gewicht	Greutate
Ion	Ion
Katalysator	Catalizator
Koolstof	Carbon
Metalen	Metale
Molecuul	Moleculă
Organisch	Organic
Reactie	Reacție
Temperatuur	Temperatura
Vloeistof	Lichid
Warmte	Căldură
Waterstof	Hidrogen
Zout	Sare
Zuur	Acid
Zuurstof	Oxigen

Chocolade
Ciocolată

Antioxidant	Antioxidant
Bitter	Amar
Cacao	Cacao
Calorieën	Calorii
Exotisch	Exotic
Favoriet	Favorit
Heerlijk	Delicios
Ingrediënt	Ingredient
Karamel	Caramel
Kokosnoot	Nucă de Cocos
Kwaliteit	Calitate
Pinda'S	Arahide
Recept	Rețetă
Smaak	Aromă
Smaak	Gust
Snoep	Bomboane
Suiker	Zahăr
Verlangen	Pofta
Zoet	Dulce

Creativiteit
Creativitate

Artistiek	Artistic
Beeld	Imagine
Dramatisch	Dramatic
Echtheid	Autenticitate
Emoties	Emoții
Gevoel	Senzație
Gevoelens	Sentimente
Helderheid	Claritate
Indruk	Impresie
Inspiratie	Inspirație
Intensiteit	Intensitate
Intuïtie	Intuiție
Inventief	Inventiv
Spontaan	Spontan
Uitdrukking	Expresie
Vaardigheid	Îndemânare
Verbeelding	Imaginație
Visioenen	Viziuni
Vitaliteit	Vitalitate
Vloeibaarheid	Fluiditate

Dagen en Maanden
Zile și Lunile

Augustus	August
Dinsdag	Marți
Donderdag	Joi
Februari	Februarie
Jaar	An
Januari	Ianuarie
Juli	Iulie
Juni	Iunie
Kalender	Calendar
Maand	Lună
Maandag	Luni
Maart	Martie
November	Noiembrie
Oktober	Octombrie
September	Septembrie
Vrijdag	Vineri
Week	Săptămână
Woensdag	Miercuri
Zaterdag	Sâmbătă
Zondag	Duminică

Dans
Dance

Academie	Academie
Beweging	Mișcare
Blij	Vesel
Choreografie	Coregrafie
Cultureel	Cultural
Cultuur	Cultură
Emotie	Emoție
Expressief	Expresiv
Genade	Grație
Houding	Postură
Klassiek	Clasic
Kunst	Artă
Lichaam	Corp
Muziek	Muzică
Partner	Partener
Repetitie	Repetiție
Ritme	Ritm
Traditioneel	Tradițional
Visueel	Vizual

De Media
Mass-Media

Commercieel	Comercial
Communicatie	Comunicare
Digitaal	Digital
Editie	Ediție
Feiten	Fapte
Financiering	Finanțarea
Houding	Atitudini
Individueel	Individual
Industrie	Industrie
Intellectueel	Intelectual
Kranten	Presă
Lokaal	Local
Mening	Opinie
Netwerk	Rețea
Onderwijs	Educație
Online	Online
Publiek	Public
Radio	Radio
Televisie	Televiziune
Tijdschriften	Reviste

Diplomatie
Diplomație

Adviseur	Consilier
Ambassade	Ambasadă
Ambassadeur	Ambasador
Burgers	Cetățeni
Conflict	Conflict
Diplomatiek	Diplomatic
Discussie	Discuție
Ethiek	Etică
Gemeenschap	Comunitate
Gerechtigheid	Dreptate
Humanitair	Umanitar
Integriteit	Integritate
Oplossing	Soluție
Politiek	Politică
Regering	Guvern
Resolutie	Rezoluție
Samenwerking	Cooperare
Talen	Limbi
Veiligheid	Securitate
Verdrag	Tratat

Ecologie
Ecologie

Diversiteit	Diversitate
Droogte	Secetă
Duurzaam	Durabilă
Fauna	Faună
Flora	Floră
Gemeenschappen	Comunități
Globaal	Global
Habitat	Habitat
Klimaat	Climat
Marinier	Marin
Moeras	Mlaștină
Natuur	Natură
Natuurlijk	Firesc
Overleving	Supraviețuire
Planten	Plante
Soort	Specie
Variëteit	Varietate
Vegetatie	Vegetație
Vrijwilligers	Voluntari

Emoties
Emoții

Angst	Frică
Beschaamd	Jenat
Dankbaar	Recunoscător
Droefheid	Tristețe
Gelukzaligheid	Fericire
Inhoud	Conținut
Kalm	Calm
Liefde	Dragoste
Ontspannen	Relaxat
Opgewonden	Excitat
Rust	Liniște
Sympathie	Simpatie
Tederheid	Sensibilitate
Tevreden	Satisfăcut
Verrassing	Surpriză
Verveling	Plictiseală
Vrede	Pace
Vreugde	Bucurie
Vriendelijkheid	Bunătate
Woede	Furie

Energie
Energie

Accu	Baterie
Benzine	Benzină
Brandstof	Combustibil
Diesel	Motorină
Elektrisch	Electric
Elektron	Electron
Entropie	Entropie
Foton	Foton
Hernieuwbaar	Regenerabile
Industrie	Industrie
Koolstof	Carbon
Motor	Motor
Nucleair	Nuclear
Omgeving	Mediu
Stoom	Abur
Turbine	Turbină
Vervuiling	Poluare
Warmte	Căldură
Waterstof	Hidrogen
Wind	Vânt

Engineering
Inginerie

As	Axă
Berekening	Calcul
Beweging	Mișcare
Bouw	Construcție
Diagram	Diagramă
Diameter	Diametru
Diepte	Adâncime
Diesel	Motorină
Energie	Energie
Hoek	Unghi
Kracht	Tărie
Machine	Mașină
Meting	Măsurare
Motor	Motor
Rotatie	Rotație
Stabiliteit	Stabilitate
Structuur	Structura
Vloeistof	Lichid
Voortstuwing	Propulsie
Wrijving	Frecare

Eten #1
Alimente #1

Aardbei	Căpșună
Abrikoos	Caisă
Basilicum	Busuioc
Citroen	Lămâie
Gerst	Orz
Kaneel	Scorțișoară
Knoflook	Usturoi
Melk	Lapte
Peer	Pară
Pinda	Arahidă
Salade	Salată
Sap	Suc
Soep	Supă
Spinazie	Spanac
Suiker	Zahăr
Tonijn	Ton
Ui	Ceapă
Vlees	Carne
Wortel	Morcov
Zout	Sare

Eten #2
Alimente #2

Amandel	Migdală
Ananas	Ananas
Appel	Măr
Asperge	Sparanghel
Aubergine	Vânătă
Banaan	Banană
Broccoli	Broccoli
Brood	Pâine
Druif	Struguri
Ei	Ou
Ham	Șuncă
Kaas	Brânză
Kip	Pui
Kiwi	Kiwi
Perzik	Piersică
Rijst	Orez
Tarwe	Grâu
Tomaat	Roșie
Vis	Pește
Yoghurt	Iaurt

Ethiek
Etica

Altruïsme	Altruism
Diplomatiek	Diplomatic
Eerbiedig	Respectuos
Eerlijkheid	Onestitate
Filosofie	Filozofie
Geduld	Răbdare
Individualisme	Individualism
Integriteit	Integritate
Mededogen	Compasiune
Mensheid	Umanitate
Optimisme	Optimism
Rationaliteit	Raționalitate
Realisme	Realism
Redelijk	Rezonabil
Samenwerking	Cooperare
Tolerantie	Toleranță
Vriendelijkheid	Bunătate
Waarden	Valori
Waardigheid	Demnitate
Wijsheid	Înțelepciune

Familie
Familie

Broer	Frate
Dochter	Fiica
Grootmoeder	Bunica
Jeugd	Copilărie
Kind	Copil
Kinderen	Copii
Kleinzoon	Nepot
Man	Soțul
Moeder	Mamă
Neef	Nepot
Nicht	Nepoată
Oom	Unchi
Opa	Bunic
Tante	Mătușă
Tweeling	Gemeni
Vader	Tată
Vaderlijk	Patern
Voorouder	Strămoș
Vrouw	Soție
Zus	Sora

Fruit
Fructe

Abrikoos	Caisă
Ananas	Ananas
Appel	Măr
Avocado	Avocado
Banaan	Banană
Bes	Bacă
Citroen	Lămâie
Druif	Struguri
Framboos	Zmeură
Kers	Cireașă
Kiwi	Kiwi
Kokosnoot	Nucă de Cocos
Mango	Mango
Meloen	Pepene
Nectarine	Nectarină
Oranje	Portocaliu
Papaja	Papaya
Peer	Pară
Perzik	Piersică
Pruim	Prună

Gebouwen
Constructii

Ambassade	Ambasadă
Appartement	Apartament
Bioscoop	Cinema
Boerderij	Fermă
Cabine	Cabină
Fabriek	Fabrică
Hotel	Hotel
Kasteel	Castel
Laboratorium	Laborator
Museum	Muzeu
Observatorium	Observator
School	Școală
Schuur	Hambar
Stadion	Stadion
Supermarkt	Supermarket
Tent	Cort
Theater	Teatru
Toren	Turn
Universiteit	Universitate
Ziekenhuis	Spital

Geografie
Geografie

Atlas	Atlas
Berg	Munte
Breedtegraad	Latitudine
Continent	Continent
Eiland	Insulă
Evenaar	Ecuator
Halfrond	Emisferă
Hoogte	Altitudine
Kaart	Hartă
Land	Țară
Meridiaan	Meridian
Noorden	Nord
Oceaan	Ocean
Regio	Regiune
Rivier	Râu
Stad	Oraș
Wereld	Lume
Westen	Vest
Zee	Mare
Zuiden	Sud

Geologie
Geologie

Aardbeving	Cutremur
Calcium	Calciu
Continent	Continent
Erosie	Eroziune
Fossiel	Fosil
Geiser	Gheizer
Gesmolten	Topit
Grot	Cavernă
Koraal	Coral
Kristallen	Cristale
Kwarts	Cuarț
Laag	Strat
Lava	Lavă
Plateau	Platou
Stalactiet	Stalactit
Steen	Piatră
Vulkaan	Vulcan
Zone	Zonă
Zout	Sare
Zuur	Acid

Geometrie
Geometrie

Berekening	Calcul
Cirkel	Cerc
Curve	Curbă
Diameter	Diametru
Dimensie	Dimensiune
Driehoek	Triunghi
Hoek	Unghi
Hoogte	Înălțime
Horizontaal	Orizontală
Logica	Logică
Loodrecht	Perpendicular
Massa	Masă
Mediaan	Mediană
Oppervlak	Suprafață
Parallel	Paralel
Segment	Segment
Symmetrie	Simetrie
Theorie	Teorie
Vergelijking	Ecuație
Verticaal	Vertical

Getallen
Numerele

Acht	Opt
Achttien	Optsprezece
Dertien	Treisprezece
Drie	Trei
Een	Unu
Negen	Nouă
Negentien	Nouăsprezece
Nul	Zero
Tien	Zece
Twaalf	Doisprezece
Twee	Doi
Twintig	Douăzeci
Veertien	Paisprezece
Vier	Patru
Vijf	Cinci
Vijftien	Cincisprezece
Zes	Șase
Zestien	Șaisprezece
Zeven	Șapte
Zeventien	Șaptesprezece

Gezondheid en Welzijn #1
Sănătate și Bunăstare #1

Actief	Activ
Apotheek	Farmacie
Bacteriën	Bacterii
Behandeling	Tratament
Breuk	Fractură
Dokter	Doctor
Gewoonte	Obicei
Honger	Foame
Hoogte	Înălțime
Hormonen	Hormoni
Houding	Postură
Huid	Piele
Kliniek	Clinica
Medicijn	Medicină
Ontspanning	Relaxare
Reflex	Reflex
Spieren	Mușchi
Therapie	Terapie
Virus	Virus
Zenuwen	Nervi

Gezondheid en Welzijn #2
Sănătate și Bunăstare #2

Allergie	Alergie
Anatomie	Anatomie
Bloed	Sânge
Calorie	Calorii
Dieet	Dietă
Energie	Energie
Genetica	Genetică
Gewicht	Greutate
Gezond	Sănătos
Herstel	Recuperare
Hygiëne	Igienă
Infectie	Infecție
Lichaam	Corp
Massage	Masaj
Spijsvertering	Digestie
Stress	Stres
Vitamine	Vitamină
Voeding	Nutriție
Ziekenhuis	Spital
Ziekte	Boala

Groenten
Legume

Artisjok	Anghinare
Aubergine	Vânătă
Broccoli	Broccoli
Erwt	Mazăre
Gember	Ghimbir
Knoflook	Usturoi
Komkommer	Castravete
Olijf	Măslină
Paddestoel	Ciupercă
Peterselie	Pătrunjel
Pompoen	Dovleac
Raap	Nap
Radijs	Ridiche
Salade	Salată
Selderij	Țelină
Sjalot	Șalotă
Spinazie	Spanac
Tomaat	Roșie
Ui	Ceapă
Wortel	Morcov

Haartypes
Tipuri de Par

Blond	Blond
Bruin	Maro
Dik	Gros
Droog	Uscat
Dun	Subțire
Gekleurd	Colorate
Gevlochten	Împletit
Gezond	Sănătos
Golvend	Ondulat
Grijs	Gri
Hoofdhuid	Scalp
Kaal	Chel
Kort	Scurt
Krullen	Bucle
Krullend	Cret
Lang	Lung
Wit	Alb
Zacht	Moale
Zilver	Argint
Zwart	Negru

Herbalisme
Plante Medicinale

Aromatisch	Aromat
Basilicum	Busuioc
Bloem	Floare
Culinair	Culinar
Dille	Mărar
Dragon	Tarhon
Groen	Verde
Ingrediënt	Ingredient
Knoflook	Usturoi
Kwaliteit	Calitate
Lavendel	Lavandă
Marjolein	Maghiran
Oregano	Oregano
Peterselie	Pătrunjel
Rozemarijn	Rozmarin
Saffraan	Șofran
Smaak	Aromă
Tijm	Cimbru
Tuin	Grădină
Venkel	Fenicul

Het Bedrijf
Compania

Beslissing	Decizie
Creatief	Creativ
Eenheden	Unități
Globaal	Global
Industrie	Industrie
Inkomsten	Venituri
Innovatief	Inovator
Investering	Investiții
Kwaliteit	Calitate
Loon	Salarii
Mogelijkheid	Posibilitate
Presentatie	Prezentare
Product	Produs
Professioneel	Profesional
Reputatie	Reputatie
Risico'S	Riscuri
Trends	Tendințe
Vooruitgang	Progres
Werkgelegenheid	Angajare
Zaak	Afaceri

Huis
Casa

Bezem	Mătură
Bibliotheek	Bibliotecă
Dak	Acoperiș
Deur	Ușă
Douche	Duș
Garage	Garaj
Haard	Vatră
Hek	Gard
Kamer	Cameră
Kelder	Subsol
Keuken	Bucătărie
Lamp	Lampă
Meubilair	Mobilier
Muur	Perete
Plafond	Tavan
Slaapkamer	Dormitor
Spiegel	Oglindă
Tapijt	Covor
Tuin	Grădină
Zolder	Mansardă

Installaties
Plante

Bamboe	Bambus
Bes	Bacă
Blad	Frunză
Bloem	Floare
Boom	Copac
Boon	Fasole
Bos	Pădure
Cactus	Cactus
Flora	Floră
Gebladerte	Frunze
Gras	Iarbă
Groeien	Crește
Klimop	Iederă
Mest	Îngrășământ
Mos	Mușchi
Plantkunde	Botanică
Struik	Tufiș
Tuin	Grădină
Vegetatie	Vegetație
Wortel	Rădăcină

Jazz
Jazz

Album	Album
Applaus	Aplauze
Artiest	Artist
Beroemd	Celebru
Componist	Compozitor
Concert	Concert
Favorieten	Favorite
Genre	Gen
Improvisatie	Improvizație
Lied	Cântec
Muziek	Muzică
Nadruk	Accent
Nieuw	Nou
Orkest	Orchestră
Oud	Vechi
Ritme	Ritm
Samenstelling	Compoziție
Stijl	Stil
Talent	Talent
Techniek	Tehnică

Keuken
Bucătărie

Cup	Cupe
Eetstokjes	Bețișoare
Grill	Grătar
Ketel	Ceainic
Koelkast	Frigider
Kom	Castron
Kruik	Ulcior
Lepels	Linguri
Messen	Cuțite
Oven	Cuptor
Pollepel	Polonic
Pot	Borcan
Recept	Rețetă
Schort	Șorț
Servet	Șervețel
Specerijen	Condimente
Spons	Burete
Voedsel	Alimente
Vorken	Furci
Vriezer	Congelator

Kleding
Haine

Armband	Brățară
Blouse	Bluză
Broek	Pantaloni
Handschoenen	Mănuși
Hoed	Pălărie
Jas	Haina
Jasje	Sacou
Jurk	Rochie
Ketting	Colier
Mode	Modă
Pyjama	Pijama
Riem	Curea
Rok	Fusta
Sandalen	Sandale
Schoen	Pantof
Schort	Șorț
Shirt	Cămașă
Sjaal	Eșarfă
Sokken	Șosete
Trui	Pulover

Kracht en Zwaartekracht
Forța și Gravitatea

Afstand	Distanță
As	Axă
Baan	Orbită
Beweging	Mișcare
Centrum	Centru
Druk	Presiune
Dynamisch	Dinamic
Eigendommen	Proprietăți
Gewicht	Greutate
Impact	Impact
Magnetisme	Magnetism
Mechanica	Mecanica
Natuurkunde	Fizică
Ontdekking	Descoperire
Planeten	Planete
Snelheid	Viteză
Tijd	Timp
Uitbreiding	Expansiune
Universeel	Universal
Wrijving	Frecare

Kunstbenodigdheden
Materiale de Artă

Acryl	Acrilic
Aquarellen	Acuarele
Borstels	Perii
Camera	Aparat Foto
Creativiteit	Creativitate
Ezel	Șevalet
Gom	Radieră
Houtskool	Cărbune
Inkt	Cerneală
Klei	Lut
Kleuren	Culori
Lijm	Lipici
Olie	Ulei
Papier	Hârtie
Pastel	Pasteluri
Potloden	Creioane
Stoel	Scaun
Tafel	Tabel
Verf	Vopsele
Water	Apă

Landen #1
Țările #1

België	Belgia
Brazilië	Brazilia
Cambodja	Cambodgia
Canada	Canada
Chili	Chile
Duitsland	Germania
Egypte	Egipt
Irak	Irak
Israël	Israel
Italië	Italia
Letland	Letonia
Libië	Libia
Marokko	Maroc
Nicaragua	Nicaragua
Noorwegen	Norvegia
Panama	Panama
Polen	Polonia
Roemenië	România
Senegal	Senegal
Spanje	Spania

Landen #2
Țările #2

Denemarken	Danemarca
Ethiopië	Etiopia
Frankrijk	Franța
Griekenland	Grecia
Ierland	Irlanda
Indonesië	Indonezia
Japan	Japonia
Kenia	Kenya
Laos	Laos
Libanon	Liban
Liberia	Liberia
Maleisië	Malaezia
Mexico	Mexic
Nepal	Nepal
Nigeria	Nigeria
Oeganda	Uganda
Oekraïne	Ucraina
Rusland	Rusia
Somalië	Somalia
Syrië	Siria

Landschappen
Peisaje

Berg	Munte
Eiland	Insulă
Geiser	Gheizer
Gletsjer	Ghețar
Grot	Peșteră
Heuvel	Deal
Ijsberg	Aisberg
Meer	Lac
Moeras	Mlaștină
Oase	Oază
Oceaan	Ocean
Rivier	Râu
Schiereiland	Peninsulă
Strand	Plajă
Toendra	Tundră
Vallei	Vale
Vulkaan	Vulcan
Waterval	Cascadă
Woestijn	Deșert
Zee	Mare

Literatuur
Literatură

Analogie	Analogie
Analyse	Analiză
Anekdote	Anecdotă
Auteur	Autor
Biografie	Biografie
Conclusie	Concluzie
Dialoog	Dialog
Fictie	Ficțiune
Gedicht	Poem
Mening	Opinie
Metafoor	Metaforă
Poëtisch	Poetic
Rijm	Rimă
Ritme	Ritm
Roman	Roman
Stijl	Stil
Thema	Temă
Tragedie	Tragedie
Vergelijking	Comparație
Verteller	Narator

Meditatie
Meditație

Aandacht	Atenție
Aanvaarding	Acceptare
Ademhaling	Respirație
Beweging	Mișcare
Dankbaarheid	Recunoștință
Emoties	Emoții
Gedachten	Gânduri
Geluk	Fericire
Helderheid	Claritate
Houding	Postură
Mededogen	Compasiune
Mentaal	Mental
Muziek	Muzică
Natuur	Natură
Observatie	Observare
Perspectief	Perspectivă
Stilte	Tăcere
Vrede	Pace
Vriendelijkheid	Bunătate
Wakker	Treaz

Meer Informatie
Operă Științifico-Fantas

Bioscoop	Cinema
Boeken	Cărți
Brand	Foc
Denkbeeldig	Imaginar
Dystopie	Distopie
Explosie	Explozie
Extreem	Extrem
Fantastisch	Fantastic
Futuristisch	Futurist
Illusie	Iluzie
Mysterieus	Misterios
Orakel	Oracol
Planeet	Planetă
Realistisch	Realist
Robots	Roboți
Scenario	Scenariu
Sterrenstelsel	Galaxie
Technologie	Tehnologie
Utopie	Utopie
Wereld	Lume

Menselijk Lichaam
Corpul Uman

Been	Picior
Bloed	Sânge
Elleboog	Cot
Enkel	Gleznă
Hand	Mână
Hart	Inimă
Hersenen	Creier
Hoofd	Cap
Huid	Piele
Kaak	Falcă
Kin	Bărbie
Knie	Genunchi
Maag	Stomac
Mond	Gură
Nek	Gât
Neus	Nas
Oor	Ureche
Schouder	Umăr
Tong	Limbă
Vinger	Deget

Metingen
Măsurătorile

Breedte	Lățime
Byte	Byte
Centimeter	Centimetru
Decimaal	Zecimal
Diepte	Adâncime
Gewicht	Greutate
Gram	Gram
Hoogte	Înălțime
Inch	Inch
Kilogram	Kilogram
Kilometer	Kilometru
Lengte	Lungime
Liter	Litru
Massa	Masă
Meter	Metru
Minuut	Minut
Ons	Uncie
Pint	Halbă
Ton	Tonă
Volume	Volum

Mode
Modă

Bescheiden	Modest
Betaalbaar	Accesibil
Borduurwerk	Broderie
Comfortabel	Confortabil
Duur	Scump
Eenvoudig	Simplu
Elegant	Elegant
Kant	Dantelă
Kleding	Îmbrăcăminte
Knop	Butoane
Minimalistisch	Minimalist
Modern	Modern
Origineel	Original
Patroon	Model
Praktisch	Practic
Stijl	Stil
Stof	Țesătură
Textuur	Textură
Trend	Tendință
Winkel	Butic

Muziek
Muzica

Album	Album
Ballade	Baladă
Harmonie	Armonie
Improviseren	Improviza
Instrument	Instrument
Klassiek	Clasic
Koor	Cor
Lyrisch	Liric
Melodie	Melodie
Microfoon	Microfon
Muzikaal	Muzical
Muzikant	Muzician
Opera	Operă
Opname	Înregistrare
Poëtisch	Poetic
Ritme	Ritm
Ritmisch	Ritmic
Tempo	Tempo
Zanger	Cântăreț
Zingen	Cânta

Muziekinstrumenten
Instrumente Muzicale

Banjo	Banjo
Cello	Violoncel
Fagot	Fagot
Fluit	Flaut
Gitaar	Chitară
Gong	Gong
Harp	Harpă
Hobo	Oboi
Klarinet	Clarinet
Mandoline	Mandolină
Marimba	Marimba
Mondharmonica	Muzicuță
Percussie	Percuție
Piano	Pian
Saxofoon	Saxofon
Tamboerijn	Tamburină
Trombone	Trombon
Trommel	Tobă
Trompet	Trompetă
Viool	Vioară

Mythologie
Mitologie

Archetype	Arhetip
Bliksem	Fulger
Creatie	Creare
Cultuur	Cultură
Donder	Tunet
Doolhof	Labirint
Gedrag	Comportament
Held	Erou
Heldin	Eroina
Hemel	Cer
Jaloezie	Gelozie
Kracht	Tărie
Krijger	Războinic
Legende	Legendă
Monster	Monstru
Onsterfelijkheid	Nemurire
Ramp	Dezastru
Sterfelijk	Muritor
Wezen	Făptură
Wraak	Răzbunare

Natuur
Natura

Arctisch	Arctic
Bijen	Albine
Bos	Pădure
Dieren	Animale
Dynamisch	Dinamic
Erosie	Eroziune
Gebladerte	Frunze
Gletsjer	Ghețar
Heiligdom	Sanctuar
Klippen	Stânci
Mist	Ceață
Rivier	Râu
Schoonheid	Frumusețe
Schuilplaats	Adăpost
Sereen	Senin
Tropisch	Tropical
Vitaal	Vital
Wild	Sălbatic
Woestijn	Deșert
Wolken	Nori

Natuurkunde
Fizică

Atoom	Atom
Chaos	Haos
Chemisch	Chimic
Deeltje	Particulă
Dichtheid	Densitate
Elektron	Electron
Experiment	Experiment
Formule	Formulă
Frequentie	Frecvență
Gas	Gaz
Magnetisme	Magnetism
Massa	Masă
Mechanica	Mecanica
Molecuul	Moleculă
Motor	Motor
Relativiteit	Relativitate
Snelheid	Viteză
Universeel	Universal
Versnelling	Accelerare
Zwaartekracht	Gravitație

Oceaan
Ocean

Aal	Anghilă
Algen	Alge
Boot	Barcă
Dolfijn	Delfin
Garnaal	Crevetă
Getijden	Maree
Golven	Valuri
Haai	Rechin
Koraal	Coral
Krab	Crab
Kwal	Meduze
Octopus	Caracatiță
Oester	Stridie
Rif	Recif
Spons	Burete
Storm	Furtună
Tonijn	Ton
Vis	Pește
Walvis	Balenă
Zout	Sare

Opwarming van de Aarde
Încălzirea Globală

Aandacht	Atenţie
Arctisch	Arctic
Crisis	Criză
Energie	Energie
Gas	Gaz
Gegevens	Date
Generaties	Generaţii
Gevolgen	Consecinţe
Industrie	Industrie
Internationaal	Internaţional
Klimaat	Climat
Milieu	Mediu
Nu	Acum
Ontwikkeling	Dezvoltare
Regering	Guvern
Temperaturen	Temperaturi
Toekomst	Viitor
Veranderingen	Modificări
Wetenschapper	Om de Ştiinţă
Wetgeving	Legislaţie

Overheid
Guvern

Burgerschap	Cetăţenie
Civiel	Civil
Democratie	Democraţie
Discussie	Discuţie
Gelijkheid	Egalitate
Gerechtelijk	Juridic
Gerechtigheid	Dreptate
Grondwet	Constituţie
Leider	Lider
Monument	Monument
Natie	Naţiune
Nationaal	Naţional
Politiek	Politică
Rechten	Drepturi
Staat	Stat
Symbool	Simbol
Toespraak	Vorbire
Vrijheid	Libertate
Wet	Lege
Wijk	District

Psychologie
Psihologie

Afspraak	Programare
Beoordeling	Evaluare
Bewusteloos	Inconştient
Cognitie	Cunoaştere
Conflict	Conflict
Dromen	Vise
Ego	Ego
Emoties	Emoţii
Ervaringen	Experienţe
Gedachten	Gânduri
Gedrag	Comportament
Gevoel	Senzaţie
Invloed	Influenţe
Jeugd	Copilărie
Klinisch	Clinic
Perceptie	Percepţie
Persoonlijkheid	Personalitate
Probleem	Problemă
Realiteit	Realitate
Therapie	Terapie

Regenwoud
Pădurea Tropicală

Amfibieën	Amfibieni
Behoud	Conservare
Botanisch	Botanic
Diversiteit	Diversitate
Gemeenschap	Comunitate
Inheems	Indigene
Insecten	Insecte
Jungle	Junglă
Klimaat	Climat
Mos	Muşchi
Natuur	Natură
Overleving	Supravieţuire
Respect	Respect
Restauratie	Restaurare
Soort	Specie
Toevlucht	Refugiu
Vogels	Păsări
Waardevol	Valoros
Wolken	Nori
Zoogdieren	Mamifere

Restaurant #2
Restaurantul #2

Cake	Tort
Diner	Cina
Drank	Băutură
Eieren	Ouă
Fruit	Fruct
Groente	Legume
Heerlijk	Delicios
Ijs	Gheaţă
Lepel	Lingură
Lunch	Prânz
Ober	Chelner
Salade	Salată
Soep	Supă
Specerijen	Condimente
Stoel	Scaun
Vis	Peşte
Voorgerecht	Aperitiv
Vork	Furcă
Water	Apă
Zout	Sare

Rijden
Conducere

Auto	Maşină
Brandstof	Combustibil
Garage	Garaj
Gas	Gaz
Gevaar	Pericol
Kaart	Hartă
Licentie	Licenţă
Motor	Motor
Motorfiets	Motocicletă
Ongeluk	Accident
Politie	Politie
Remmen	Frâne
Snelheid	Viteză
Straat	Stradă
Tunnel	Tunel
Veiligheid	Siguranţă
Verkeer	Trafic
Voetganger	Pieton
Vrachtauto	Camion
Weg	Drum

Schaken
Șah

Diagonaal	Diagonală
Kampioen	Campion
Koning	Rege
Koningin	Regină
Offer	Sacrificiu
Passief	Pasiv
Punten	Puncte
Reglement	Reguli
Slim	Inteligent
Spel	Joc
Speler	Jucător
Strategie	Strategie
Tegenstander	Adversar
Tijd	Timp
Toernooi	Turneu
Uitdagingen	Provocări
Wedstrijd	Concurs
Wit	Alb
Zwart	Negru

Schoonheid
Frumusețe

Charme	Farmec
Cosmetica	Cosmetice
Diensten	Servicii
Elegant	Elegant
Elegantie	Eleganță
Fotogeniek	Fotogenic
Genade	Grație
Geur	Parfum
Glad	Neted
Huid	Piele
Kleur	Culoare
Krullen	Bucle
Lippenstift	Ruj
Mascara	Rimel
Producten	Produse
Schaar	Foarfece
Shampoo	Șampon
Spiegel	Oglindă
Stilist	Stilist
Verzinnen	Machiaj

Specerijen
Condimente

Anijs	Anason
Bitter	Amar
Fenegriek	Schinduf
Gember	Ghimbir
Kaneel	Scorțișoară
Kardemom	Cardamom
Kerrie	Curry
Knoflook	Usturoi
Komijn	Chimion
Koriander	Coriandru
Nootmuskaat	Nucșoară
Paprika	Paprika
Peper	Piper
Saffraan	Șofran
Smaak	Aromă
Ui	Ceapă
Vanille	Vanilie
Venkel	Fenicul
Zoet	Dulce
Zout	Sare

Stad
Oraș

Apotheek	Farmacie
Bakkerij	Brutărie
Bank	Bancă
Bibliotheek	Bibliotecă
Bioscoop	Cinema
Bloemist	Florar
Boekhandel	Librărie
Galerij	Galerie
Hotel	Hotel
Kliniek	Clinica
Luchthaven	Aeroport
Markt	Piață
Museum	Muzeu
Restaurant	Restaurant
School	Școală
Stadion	Stadion
Supermarkt	Supermarket
Theater	Teatru
Universiteit	Universitate
Winkel	Magazin

Tijd
Timp

Dag	Zi
Decennium	Deceniu
Eeuw	Secol
Gisteren	Ieri
Jaar	An
Jaarlijks	Anual
Kalender	Calendar
Klok	Ceas
Maand	Lună
Middag	Amiază
Minuut	Minut
Na	După
Nacht	Noapte
Nu	Acum
Ochtend	Dimineață
Toekomst	Viitor
Uur	Oră
Vandaag	Azi
Vroeg	Devreme
Week	Săptămână

Tuin
Grădină

Bank	Bancă
Bloem	Floare
Bodem	Sol
Boom	Copac
Boomgaard	Livadă
Garage	Garaj
Gazon	Gazon
Gras	Iarbă
Hangmat	Hamac
Hark	Greblă
Hek	Gard
Onkruid	Buruieni
Schop	Lopată
Slang	Furtun
Struik	Tufiș
Terras	Terasă
Trampoline	Trambulină
Tuin	Grădină
Veranda	Verandă
Vijver	Iaz

Universum
Universul

Asteroïde	Asteroid
Astronomie	Astronomie
Astronoom	Astronom
Atmosfeer	Atmosferă
Baan	Orbită
Breedtegraad	Latitudine
Dierenriem	Zodiac
Duisternis	Întuneric
Evenaar	Ecuator
Halfrond	Emisferă
Hemel	Cer
Horizon	Orizont
Kantelen	Înclinare
Kosmisch	Cosmic
Lengtegraad	Longitudine
Maan	Luna
Sterrenstelsel	Galaxie
Telescoop	Telescop
Zichtbaar	Vizibil
Zonnewende	Solstiţiu

Vakantie #2
Vacanţă #2

Bestemming	Destinaţie
Buitenlander	Străin
Eiland	Insulă
Hotel	Hotel
Kaart	Hartă
Kamperen	Camping
Luchthaven	Aeroport
Paspoort	Paşaport
Reis	Călătorie
Reserveringen	Rezervări
Restaurant	Restaurant
Strand	Plajă
Taxi	Taxi
Tent	Cort
Trein	Tren
Vakantie	Vacanţă
Vervoer	Transport
Visum	Viză
Vrije Tijd	Timp Liber
Zee	Mare

Vliegtuigen
Avioane

Afdaling	Coborâre
Atmosfeer	Atmosferă
Avontuur	Aventură
Ballon	Balon
Bemanning	Echipaj
Bouw	Construcţie
Brandstof	Combustibil
Geschiedenis	Istorie
Hemel	Cer
Hoogte	Înălţime
Landen	Aterizare
Lucht	Aer
Motor	Motor
Navigeren	Naviga
Ontwerp	Model
Passagier	Pasager
Piloot	Pilot
Richting	Direcţie
Turbulentie	Turbulenţă
Waterstof	Hidrogen

Voeding
Alimentaţie

Bitter	Amar
Calorieën	Calorii
Dieet	Dietă
Eetbaar	Comestibil
Eetlust	Apetit
Eiwitten	Proteine
Evenwichtig	Echilibrat
Fermentatie	Fermentaţie
Gewicht	Greutate
Gezond	Sănătos
Gezondheid	Sănătate
Koolhydraten	Glucide
Kwaliteit	Calitate
Saus	Sos
Smaak	Aromă
Spijsvertering	Digestie
Toxinc	Toxină
Vitamine	Vitamină
Vloeistoffen	Lichide
Voedingsstof	Nutrient

Voertuigen
Autovehicule

Ambulance	Ambulanţă
Auto	Maşină
Banden	Anvelope
Boot	Barcă
Bus	Autobuz
Caravan	Caravană
Fiets	Bicicletă
Helikopter	Elicopter
Metro	Metrou
Motor	Motor
Onderzeeër	Submarin
Raket	Rachetă
Scooter	Scuter
Taxi	Taxi
Tractor	Tractor
Trein	Tren
Veerboot	Bac
Vliegtuig	Avion
Vlot	Plută
Vrachtauto	Camion

Vogels
Păsări

Duif	Porumbel
Eend	Raţă
Ei	Ou
Flamingo	Flamingo
Gans	Gâscă
Kip	Pui
Koekoek	Cuc
Kraai	Cioară
Meeuw	Pescăruş
Mus	Vrabie
Ooievaar	Barză
Papegaai	Papagal
Pauw	Păun
Pelikaan	Pelican
Pinguïn	Pinguin
Reiger	Stârc
Struisvogel	Struţ
Toekan	Toucan
Uil	Bufniţă
Zwaan	Lebădă

Vormen
Forme
Bol	Sferă
Boog	Arc
Cilinder	Cilindru
Cirkel	Cerc
Curve	Curbă
Driehoek	Triunghi
Hoek	Colț
Hyperbool	Hiperbolă
Kant	Parte
Kegel	Con
Kubus	Cub
Lijn	Linia
Ovaal	Oval
Piramide	Piramidă
Prisma	Prismă
Randen	Margini
Rechthoek	Dreptunghi
Ronde	Rotund
Veelhoek	Poligon
Vierkant	Pătrat

Wandelen
Drumeții
Berg	Munte
Dieren	Animale
Gevaren	Pericole
Kaart	Hartă
Kamperen	Camping
Klif	Stâncă
Klimaat	Climat
Laarzen	Cizme
Moe	Obosit
Muggen	Țânțari
Natuur	Natură
Oriëntatie	Orientare
Parken	Parcuri
Stenen	Pietre
Top	Summit
Voorbereiding	Pregătirea
Water	Apă
Wild	Sălbatic
Zon	Soare
Zwaar	Greu

Water
Apă
Douche	Duș
Geiser	Gheizer
Golven	Valuri
Ijs	Gheață
Irrigatie	Irigare
Kanaal	Canal
Meer	Lac
Moesson	Muson
Oceaan	Ocean
Orkaan	Uragan
Overstroming	Inundații
Regen	Ploaie
Rivier	Râu
Sneeuw	Zăpadă
Stoom	Abur
Stroom	Curent
Verdamping	Evaporare
Vochtig	Umede
Vochtigheid	Umiditate
Vorst	Îngheț

Weersomstandigheden
Vremea
Atmosfeer	Atmosferă
Bliksem	Fulger
Donder	Tunet
Droogte	Secetă
Hemel	Cer
Ijs	Gheață
Klimaat	Climat
Mist	Ceață
Moesson	Muson
Orkaan	Uragan
Overstroming	Inundații
Polair	Polar
Regenboog	Curcubeu
Storm	Furtună
Temperatuur	Temperatura
Tornado	Tornadă
Tropisch	Tropicale
Vochtig	Umed
Wind	Vânt
Wolk	Nor

Wetenschap
Știință
Atoom	Atom
Chemisch	Chimic
Deeltjes	Particule
Evolutie	Evoluție
Experiment	Experiment
Feit	Fapt
Fossiel	Fosil
Gegevens	Date
Hypothese	Ipoteză
Klimaat	Climat
Laboratorium	Laborator
Methode	Metodă
Mineralen	Minerale
Moleculen	Molecule
Natuur	Natură
Natuurkunde	Fizică
Observatie	Observare
Organisme	Organism
Wetenschapper	Om de Știință
Zwaartekracht	Gravitație

Wetenschappelijke Discip
Disciplinele Științifice
Anatomie	Anatomie
Archeologie	Arheologie
Astronomie	Astronomie
Biochemie	Biochimie
Biologie	Biologie
Chemie	Chimie
Ecologie	Ecologie
Fysiologie	Fiziologie
Geologie	Geologie
Immunologie	Imunologie
Mechanica	Mecanica
Meteorologie	Meteorologie
Mineralogie	Mineralogie
Neurologie	Neurologie
Plantkunde	Botanică
Psychologie	Psihologie
Robotica	Robotica
Sociologie	Sociologie
Thermodynamica	Termodinamică
Voeding	Nutriție

Wiskunde
Matematică

Bol	Sferă
Decimaal	Zecimal
Diameter	Diametru
Driehoek	Triunghi
Exponent	Exponent
Fractie	Fracţiune
Geometrie	Geometrie
Hoeken	Unghiuri
Loodrecht	Perpendicular
Omtrek	Perimetru
Parallel	Paralel
Parallellogram	Paralelogram
Rechthoek	Dreptunghi
Rekenkundig	Aritmetică
Som	Sumă
Symmetrie	Simetrie
Veelhoek	Poligon
Vergelijking	Ecuaţie
Vierkant	Pătrat
Volume	Volum

Zakelijk
Afaceri

Bedrijf	Companie
Begroting	Buget
Belastingen	Taxe
Carrière	Carieră
Economie	Economie
Fabriek	Fabrică
Financiën	Finanţa
Geld	Bani
Inkomen	Venituri
Investering	Investiţii
Kantoor	Birou
Korting	Reducere
Kosten	Cost
Transactie	Tranzacţie
Valuta	Valută
Verkoop	Vânzare
Werkgever	Angajator
Werknemer	Angajat
Winkel	Magazin
Winst	Profit

Ziekte
Boală

Acuut	Acut
Ademhaling	Respiratorii
Allergieën	Alergii
Bacterieel	Bacterian
Besmettelijk	Contagios
Botten	Oase
Buik	Abdominal
Chronisch	Cronic
Erfelijk	Ereditar
Genetisch	Genetic
Gezondheid	Sănătate
Hart	Inimă
Immuniteit	Imunitate
Lichaam	Corp
Neuropathie	Neuropatie
Ontsteking	Iritare
Sinus	Sinus
Syndroom	Sindrom
Therapie	Terapie
Zwak	Slab

Zoogdieren
Mamiferele

Aap	Maimuţă
Bever	Castor
Coyote	Coiot
Dolfijn	Delfin
Ezel	Măgar
Geit	Capră
Giraf	Girafă
Gorilla	Gorilă
Hond	Câine
Kameel	Cămilă
Kangoeroe	Cangur
Kat	Pisică
Konijn	Iepure
Leeuw	Leu
Olifant	Elefant
Paard	Cal
Stier	Taur
Vos	Vulpe
Walvis	Balenă
Wolf	Lup

Gefeliciteerd

Je hebt het gehaald!

We hopen dat u net zoveel plezier beleeft aan dit boek als wij aan het maken ervan. We doen ons best om spellen van hoge kwaliteit te maken.
Deze puzzels zijn op een slimme manier ontworpen zodat je actief kunt leren terwijl je plezier hebt!

Vond je ze mooi?

Een Eenvoudig Verzoek

Onze boeken bestaan dankzij de recensies die zij publiceren.
Kunt u ons helpen door nu een mening achter te laten ?

Hier is een korte link die u naar uw
bestellingen beoordelingspagina.

BestBooksActivity.com/Recensie50

FINAAL UITDAGING!

Uitdaging nr. 1

Klaar voor uw bonusspel? We gebruiken ze de hele tijd, maar ze zijn niet zo gemakkelijk te vinden. Hier zijn **Synoniemen!**

Noteer 5 woorden die je ontdekt hebt in elk van de onderstaande puzzels (nr. 21, nr. 36, nr. 76) en probeer voor elk woord 2 synoniemen te vinden.

Notitie 5 Woorden uit **Puzzle 21**

Woorden	Synoniem 1	Synoniem 2

Notitie 5 Woorden uit **Puzzle 36**

Woorden	Synoniem 1	Synoniem 2

Notitie 5 Woorden uit **Puzzle 76**

Woorden	Synoniem 1	Synoniem 2

Uitdaging nr. 2

Nu je opgewarmd bent, noteer 5 woorden die je ontdekt hebt in elke hieronder genoteerde puzzel (nr. 9, nr. 17, nr. 25) en probeer voor elk woord 2 antoniemen te vinden. Hoeveel regels kan je doen in 20 minuten?

Notitie 5 Woorden uit **Puzzle 9**

Woorden	Antoniem 1	Antoniem 2

Notitie 5 Woorden uit **Puzzle 17**

Woorden	Antoniem 1	Antoniem 2

Notitie 5 Woorden uit **Puzzle 25**

Woorden	Antoniem 1	Antoniem 2

Uitdaging nr. 3

Prachtig, deze finaal uitdaging is makkelijk voor jou!

Klaar voor de laatste? Kies je 10 favoriete woorden die je in een van de puzzels hebt ontdekt en noteer ze hieronder.

1.	6.
2.	7.
3.	8.
4.	9.
5.	10.

De uitdaging is nu om met deze woorden en binnen een maximum van zes zinnen een tekst te schrijven over een persoon, dier of plaats waar je van houdt!

Tip: U kunt de laatste blanco pagina van dit boek als kladblaadje gebruiken!

Je schrijven:

NOTITIEBOEKJE:

TOT SNEL!

Linguas Classics

GENIET VAN GRATIS SPELLEN

GO

↓

BESTACTIVITYBOOKS.COM/FREEGAMES